Doris Doppler

55 Artikelideen für Ihr Blog

Tipps für attraktive Blogposts
und erfolgreiches Bloggen

ISBN-10: 147929747X | ISBN-13: 978-1479297474

Erschienen im Eigenverlag: Doris Doppler, Innsbruck

web: www.textshop.biz | www.ddoppler.com
mail: office@textshop.biz

Printed in Germany by Amazon Distribution GmbH, Leipzig

INHALT

Formate mit hohem Aufwand

Noch mehr Tipps

Warum sind starke Blogartikel so wichtig?

Liefern Sie Qualität. Und zwar regelmäßig.

„… worüber soll ich heute bloß wieder bloggen?" Wahrscheinlich kennen Sie diese Frage nur zu gut – egal, ob Sie zu den bloggenden Freiberuflern gehören, ein Unternehmensblog betreuen oder als Profiblogger unterwegs sind.

Die Wahrheit ist: Bloggen ist harte Arbeit.

Ideen finden, recherchieren, das passende Artikelformat wählen, Bilder suchen, am Titel feilen, für Suchmaschinen optimieren, formatieren und und und. Das braucht Zeit. Zeit, die im stressigen Arbeitsalltag nicht immer leicht zu finden ist.

Und schon ist man versucht, rasch etwas zusammenzuschustern, ohne Rücksicht auf Zielgruppe, Lesernutzen oder SEO – nach dem Motto: Hauptsache, das Blog schläft nicht ein, Hauptsache, die Leser springen nicht ab.

Eine verlockende Vorstellung.

Warum sollten Sie dieser Versuchung nicht nachgeben, warum sollten Sie sich um hochwertige Blogartikel bemühen? Immer und immer wieder?

Vorteile von Qualitätsartikeln:

Gut fürs Image.

Mit schlampig recherchierten Artikeln, gespickt mit Rechtschreib- und Grammatikfehlern, tun Sie sich keinen Gefallen. Sauber aufbereitete, nützliche Blogposts hingegen zeigen, dass Sie wissen, wovon Sie sprechen und akkurat arbeiten. So verschaffen Sie sich Respekt bei Lesern, Kunden, gegenwärtigen und zukünftigen Mitarbeitern, Investoren usw. und stärken Ihre Marke.

Mehr Leser und Kunden.

Blogs, die regelmäßig mit interessantem Inhalt aufwarten, sind äußerst attraktiv für ihre Besucher. Aus zufällig vorbeisurfenden Nutzern werden Stammleser, aus Stammlesern werden Kunden. Erstklassige Qualitätsartikel machen Sie zum virtuellen Magneten; Sie gewinnen ein loyales Publikum.

Hohe Wiederverwertbarkeit.

In informativen Blogposts steckt viel Arbeit. Aber sie lassen sich auch in verschiedenster Form nutzen: in Büchern, als Schulungsunterlagen, in Broschüren, auf Webseiten, in Firmenzeitungen, in eKursen usw. So zahlt sich Ihr Aufwand doppelt und dreifach aus – ein hochwertiger Artikelinhalt vorausgesetzt.

Automatische Weiterverbreitung.

Wer im Internet auf hilfreiche Artikel stößt, empfiehlt sie gerne an Freunde und Kollegen weiter. Dank Twitter, Facebook usw. verbreiten sich Blogposts in Sekundenschnelle – das ist kostenloses Marketing für Ihr Blog. Das heißt: Je mehr Qualitätsposts Sie erstellen, umso öfter werden Sie weiterverlinkt und umso schneller wächst Ihre Leserschaft – eine Aufwärtsspirale setzt sich in Gang.

Langfristiger Nutzen.

Ein Blog ist Ihr virtuelles Aushängeschild – und zwar für viele Jahre. Die Inhalte, die tagtäglich getwittert oder auf Facebook eingestellt werden, sind flüchtig. Aber die Inhalte eines Blogs sind Investitionen in die Zukunft. Sie bringen Ihnen stets neue Leser und Kunden.

Beliebt bei Suchmaschinen.

Mit einem regelmäßig bestückten Blog, der zumindest in Grundzügen suchmaschinenoptimiert ist (also die richtigen Keywords an den richtigen Stellen in der richtigen Menge enthält), liefern Sie Google das, was es sich wünscht: originären, relevanten, aktuellen Inhalt. Die Belohnung: Sie klettern die

Trefferlisten stetig hinauf und erhalten immer mehr Zugriffe von Ihrer Zielgruppe.

Vorteile im Wettbewerb.

Viele Unternehmensblogs sind öde, oberflächlich oder dienen nur zur Selbstbeweihräucherung. Machen Sie's besser. Liefern Sie Blogposts, die Ihren Lesern und Kunden wirklich weiterhelfen, die Mehrwert und praktische Informationen bieten. Fragen Sie sich immer: „Was bringt dieser Artikel meinen Lesern?" Stellen Sie den Leser in den Vordergrund, nicht Ihr Unternehmen. So haben Sie die Nase vorn.

Fazit

Sie sehen also: Der Aufwand zahlt sich aus und macht Ihr Blog zu einer lohnenden Investition.

Und damit Ihnen das regelmäßige Qualitätsbloggen leichter fällt, unterstützt Sie dieses Buch mit 55 Ideen für starke Blogposts. Jedes Artikelformat ist ausführlich beschrieben; Sie finden wertvolle Tipps und Tricks – auch für den Kampf gegen Schreibblockaden. Außerdem können Sie Ihre fertigen Blogposts mit einer ausführlichen Checkliste überprüfen.

So gelingen Ihnen perfekte Blogartikel – und das Bloggen macht (wieder) Spaß!

Formate mit wenig Aufwand

Quick Tipps

Schnelle Tipps für zwischendurch.

Kurze Posts, die rasch auf den Punkt kommen: Bieten Sie Ihren Lesern nützliche Tipps und Tricks, die die Arbeit und das Leben allgemein erleichtern.

Informieren Sie den Leser, wie er etwas Bestimmtes schneller, einfacher und bequemer erledigen kann. Berichten Sie über hilfreiche Dinge, die die Effizienz steigern und Zeit sparen – vom einfachen Nudelrezept für gestresste Mütter bis zum praktischen Online-Tool, mit denen Freiberufler ihren Stundensatz berechnen können.

Dieses Artikelformat können Sie kurz halten – hier liegt der Wert im Tipp an sich.

Also: Wann immer Sie über Gimmicks stolpern, die für Ihre Leser von Nutzen sind – gleich notieren bzw. abspeichern!

Inhalte:

- Softwaretools
- Templates
- Excel-Arbeitsblätter
- praktische Apps
- Shortcuts
- Tipps für Küche und Haushalt
- Sonderangebote von Herstellern
- Steuertipps (am Jahresende)
- bewährte Hausmittel (in der Grippezeit)
- neue Produktfunktionen / Aktualisierungen
- Tipps zur Optimierung für Suchmaschinen
- Tipps zur besseren Nutzung von Social Media

Recycling

Denken Sie über Wiederverwertung nach.

Wenn die Zeit für ausführliches Recherchieren und Schreiben fehlt: Holen Sie alte Blogartikel hervor, polieren Sie sie auf und präsentieren Sie sie in neuem Glanz.

Wählen Sie aber nur hochwertige Artikel aus, zeitlose Infos, die es wert sind, auch der Stammleserschaft noch einmal ins Gedächtnis gerufen zu werden.

Mit neu aufbereiteten Inhalten erreichen Sie vor allem jene Leser, die Ihr Blog erst kürzlich entdeckt haben und dankbar sind für Hinweise auf wertvolle Schätze im Blogarchiv.

Tipps:

- Greifen Sie einen alten Artikel auf, wenn er neue Aktualität erlangt hat. Führen Sie ihn weiter, ergänzen Sie wichtige Infos. Lassen Sie neue Perspektiven einfließen, weiterführende Erkenntnisse, die sich in der Zwischenzeit ergeben haben, und berücksichtigen Sie dabei auch Leserkommentare.

- Wenn Sie einen Blogpost umschreiben und neu veröffentlichen: Aktualisieren und verbessern Sie ihn auch hinsichtlich Suchmaschinen-Optimierung.

- Testen Sie, ob die Links noch funktionieren.

- Löschen Sie den Ursprungsartikel nicht – er ist vielfach verlinkt.

- Wenn es ganz schnell gehen muss: Aktualisieren Sie einfach das Veröffentlichungsdatum des alten Artikels. So produzieren Sie auch keinen Duplicate Content.

- Veröffentlichen Sie besonders informative Blogposts als eBook – das perfekte Begrüßungsgeschenk für neue Newsletter-Abonnenten.

- Fassen Sie Artikel zu einem bestimmten Thema als Roundup zusammen – eine kurze Einleitung/Zusammenfassung und der Link genügen. So bieten Sie Ihren Lesern einen bequemen Überblick.

- Präsentieren Sie die Inhalte in neuer Form: als Infografik, Video, Mind Map etc.

Beispiele:

- Die 10 beliebtesten Blogposts
- Die 5 meist kommentierten Gastartikel
- Aktueller denn je: 7 nützliche Börsentipps aus dem Jahr 2009

Ressourcen

Auf Schatzsuche.

Eine spezielle Variante von Link-Artikeln: Bei Ressourcen-Posts verlinken Sie auf praktische Anleitungen, kostenlose Tools etc. – also auf Inhalte, die nicht nur interessant sind, sondern Ihren Lesern konkret weiterhelfen.

So werden Sie zum „virtuellen Schatztaucher" und nehmen Ihren Lesern zeitraubende Recherchen ab. Und Sie weisen auf „Perlen" hin, die Ihre Besucher vielleicht nie entdeckt hätten.

Vorteile:

- Ressourcen-Artikel bieten klaren Mehrwert und werden daher gerne verlinkt und weiterempfohlen.

- Freuen Sie sich auf Backlinks: Die Blogger bzw. Anbieter, auf die Sie verweisen, erwähnen diesen (schmeichelhaften) Umstand gerne auf ihrem eigenen Blog. So gewinnen Sie unter Umständen neue Leser.

- Nehmen Sie sich Zeit für die Recherche. Je nützlicher die Ressourcen für Ihre Leser sind, umso mehr profitiert Ihr Image.

- Ressourcen-Posts haben das Zeug zum Evergreen. Überprüfen Sie aber die Links regelmäßig auf Aktualität.

- Sie können auch auf Ressourcen verlinken, die Sie selbst erstellt haben.

Inhalte:

- Tutorials

- kostenlose Templates für Blogs und Webseiten

- kostenlose Fonts, Buttons, Fotos etc.

- Arbeitsblätter

- Muster und Vorlagen
- nützliche Apps
- Gratis-eBooks zu einem bestimmten Thema
- Tools für Infografiken
- Webadressen von Experten, Lieferanten oder Behörden

Bloggen über das Blog

Im Zentrum: Sie und Ihr Blog.

Stellen Sie Ihr Blog in den Mittelpunkt und berichten Sie über es, seinen Ursprung, seine Entwicklung, seine Auswirkungen auf Ihr Business und Ihr Netzwerk.

Lüften Sie den Schleier und bieten Sie Ihren Lesern einen Blick hinter die Kulissen – verraten Sie ihnen, wo Sie die Ideen für Ihre Artikel finden, wie schnell die Leserschaft über die Monate und Jahre gewachsen ist und erzählen Sie von Ihren Irrtümern und Fehleinschätzungen. Und natürlich auch darüber, was Ihnen das Blog letztendlich bringt.

So bewahren Sie jene Leser, die selbst bloggen oder ein Blog planen, vor schlechten Erfahrungen und unrealistischen Erwartungen.

Inhalte:

- Wann und warum haben Sie mit dem Bloggen begonnen?

- Was waren Ihre ursprünglichen Ziele?

- Was war Ihre ursprüngliche Motivation? Wie hat sich diese Motivation verändert?

- Was haben Sie über das Bloggen gelernt?

- Welche Fehler haben Sie gemacht? Welche Niederlagen und Enttäuschungen gab es? Was hat sich nicht erfüllt?

- Was haben Sie anfangs falsch eingeschätzt?

- Was würden Sie heute anders machen? Was hätten Sie gerne schon zu Beginn gewusst?

- Wo gab es Überraschungen? Wo lagen die Herausforderungen?

- Wie haben sich die Zugriffszahlen entwickelt? Woher kommen Ihre Besucher (Grafiken)?

- Wie haben sich die Blogeinnahmen entwickelt?

- Wie hat sich das Blog auf Ihre Auftragslage ausgewirkt?

- Welchen Stellenwert hat Ihr Blog in Ihrem gesamten Marketinginstrumentarium?

- Was sind Ihre künftigen Ziele? Welche Meilensteine wollen Sie erreichen?

- Was sind die beliebtesten/kontroversiellsten/längsten ... Blogartikel?

- Bloggewohnheiten: Was inspiriert Sie? Zu welcher Tageszeit bloggen Sie? Erstellen Sie mehrere Artikel auf einmal? Haben Sie einen Redaktionsplan? Was tun Sie bei Schreibblockaden?

Wiederkehrende Artikel

Ein Jour fixe für Ihr Blog.

Menschen mögen Rituale. Routinemäßige Abläufe, die zu einem vereinbarten Zeitpunkt verlässlich wiederkehren und Halt und Struktur bieten; etwas, mit dem man fix rechnen und auf das man sich freuen kann. Zum Beispiel der Tatort am Sonntagabend.

Bieten Sie auch in Ihrem Blog einen kleinen Anker, schaffen Sie eine Institution mit einem periodisch wiederholten Artikelformat. Die Leser stellen sich darauf ein, wissen, was sie an einem bestimmten Wochentag oder zu Monatsende erwartet und schauen dann gerne und regelmäßig bei Ihrem Blog vorbei – die perfekte Leserbindung.

Und Sie als Autor können diese Artikel – sobald die Struktur steht – mit wenig Aufwand vorbereiten.

Inhalte:

- Zitat der Woche
- Anekdote
- Comic/Cartoon
- Produktvorstellung
- Buchrezension
- Fotoblog der Woche
- Youtube-Video
- Blogrundschau
- Mitarbeiterportrait
- Branchennews aus anderen Ländern

Sprüche und Zitate

Verdichtete Weisheiten.

Ideal, wenn Sie mal zu wenig Zeit zum Bloggen haben: aussagekräftige Zitate, Aphorismen, Sprüche. Solche Lebensweisheiten haben viel Kraft, verdichten wertvolle Erkenntnisse und regen zum Nach- und Weiterdenken an. Und sie lassen sich leicht recherchieren.

Wählen Sie die Zitate aber behutsam aus, weniger ist hier mehr. Vermeiden Sie Beliebigkeit; Qualität zählt.

Inhalte:

- allgemeine Aphorismen

- Zitate aus der Branche

- Zitate, die motivieren

- Zitate, die nachdenklich machen

- Zitate zum Thema Erfolg

- Bauernregeln

- die besten 20 Zitate zum Thema XYZ

- die besten Sprüche von XYZ-Experten

Quellen:

www.zitate.de

www.zitate.eu

de.wikiquote.org

www.aphorismen.de

www.aphorismen-archiv.de

www.bauernregeln.net

Fragen stellen

Bringen Sie den Ball ins Rollen.

Kleine Ursache – große Wirkung: Stellen Sie Ihren Lesern eine Frage. Und zwar eine gute. Das heißt, das Thema sollte Ihnen unter den Nägeln brennen und ebenso Ihre Leserschaft umtreiben. Wählen Sie also eine (offene) Frage, die im Leser so viel Interesse und Leidenschaft hervorruft, dass er seine Komfortzone verlässt und seine Meinung als Kommentar kundtut.

Erläutern Sie den Hintergrund zu Ihrer Frage, beschreiben Sie, warum Sie dieses Thema beschäftigt und stellen Sie klar, dass Ihnen viel an der Perspektive und am Knowhow Ihrer Leser liegt.

So lässt sich eine lebhafte Diskussion anzetteln – und die wiederum stärkt die Leserbindung. Vielleicht bringen Sie auch jene Blogleser zum Kommentieren, die Ihre Posts bislang stumm mitverfolgt haben.

Wenn Sie Ihre Frage klug wählen, können Sie die gegenwärtige Stimmung in Ihrer Branche ausloten und abbilden; Sie erfahren viel über ungelöste Probleme, über Bereiche, in denen Ratlosigkeit oder Unzufriedenheit herrschen. Und daraus speisen sich wiederum neue Blogartikel.

Voraussetzung für dieses Artikelformat: Ihre Leserschaft muss groß genug sein. Aus den Meinungen von vier Stammlesern wird sich keine anregende Debatte entwickeln.

Tipp 1:

Picken Sie die interessantesten Punkte und Argumente dieser Debatte heraus und fassen Sie sie in einem Folge-Artikel zusammen. So bieten Sie einen Überblick über die wichtigsten Aspekte und Antworten zu Ihrer Ausgangsfrage. Und Sie erhalten automatisch ein Thema für einen neuen Blogartikel und erreichen auch jene Leser, die die Diskussion nicht aktiv mitverfolgt haben.

Tipp 2:

Stellen Sie die Frage via Twitter. Die Antworten können Sie dann zusammenfassen und auch als Screenshots in den Artikel stellen. Wenn Sie Twitter als Ausgangsmedium nutzen, wird Ihre Frage mit hoher Wahrscheinlichkeit weitergetwittert – Sie erreichen so mehr Leser.

Auszüge

Machen Sie neugierig.

Im Leben eines umtriebigen Freiberuflers oder eines Unternehmens sammelt sich so einiges an, das von Kompetenz zeugt und für Blogleser nützlich sein kann: umfangreiche Infoprodukte, Vorträge, Presseartikel, selbst verfasste Bücher usw.

Bringen Sie in Ihrem Blog interessante Auszüge, die Lust auf mehr machen und verlinken Sie zur (Bezugs)Quelle (zum Beispiel zur Amazon-Produktseite des Buches, aus dem Sie ein Kapitel veröffentlichen oder zum Interview, das eine bekannte Zeitung mit Ihnen geführt hat).

Tipp: Achten Sie darauf, dass Sie keine Urheberrechte verletzen!

Inhalte:

- Bücher

- eBooks

- White Papers

- e-Kurse

- Handouts

- Präsentationen

- Slide Shows

- Berichterstattungen

- Interviews

Danke sagen

Wertschätzung zeigen.

Kurz und bündig: Bedanken Sie sich

- bei allen treuen Bloglesern
- bei jenen, die den Blog mit ihren Kommentaren beleben
- bei jenen, die Ihre Blogartikel fleißig weiterempfehlen
- bei Bloggern, die Sie inspirieren
- bei Ihren Kunden

Ein Blog lebt von seinem Publikum – und es ist bei der Informationsflut unserer Zeit nicht selbstverständlich, dass jemand Ihrem Blog Zeit und Aufmerksamkeit schenkt und sich aktiv durch Kommentieren und Weiterempfehlen einbringt.

Außerdem sind manche Leserkommentare eine echte Quelle der Inspiration – für Ihr Blog und Ihre Arbeit allgemein. Und von so manchem Leser haben Sie sicher schon nützliche Tipps und Tricks oder wertvolle Kontakte erhalten.

Deshalb: Zeigen Sie Ihren Lesern, dass Sie sie schätzen und machen Sie ihnen Freude mit einem kleinen Dankeschön.

Link-Artikel

Empfehlen Sie Nützliches, Exotisches, Überraschendes ...

Link-Posts gehören zu den Klassikern: Sie enthalten Links zu empfehlenswerten Blogs und Webseiten, zu interessanten Artikeln und Ressourcen, zu „Perlen", die Sie Ihren Lesern nicht vorenthalten wollen.

Wie bauen Sie solche Link-Artikel auf?

- Erläutern Sie, warum Sie auf eine bestimmte Webseite verlinken, erklären Sie den Nutzen für den Leser.

- Bringen Sie einen kurzen (!) Auszug oder eine Zusammenfassung.

- Setzen Sie den Link.

So einfach ist das.

Vorteile:

- Link-Artikel lassen sich rasch und einfach erstellen. Bookmarken Sie nützliche Blogartikel, auf die Sie bei Ihren Streifzügen durchs Netz stoßen oder die Ihnen bequem per RSS-Feed geliefert werden.

- Link-Posts ersparen Ihren Lesern mühsame Recherchen im Internet und bieten einen guten Überblick über ein Thema.

- Deshalb werden sie gerne gespeichert und weiterempfohlen.

- Wer verlinkt wird und dadurch nicht nur mehr Image, sondern auch mehr Blogleser erhält, revanchiert sich gern. So können Sie neue, belebende Kontakte knüpfen und Ihr Netzwerk erweitern.

Tipps:

- Link-Artikel können unterschiedliche Formate haben: Erstellen Sie zum Beispiel eine wöchentliche Blogrundschau, weisen

Sie regelmäßig auf spannende neue Blogs hin oder erstellen Sie hochwertige Linksammlungen zu bestimmten Themen.

- Kommentieren Sie die vorgestellten Inhalte – Ihre Meinung macht Link-Artikel einfach persönlicher.

- Versuchen Sie, vor allem neue Inhalte zu verlinken. Wiederholen Sie nicht einfach die Link-Listen der bekannten Blogs Ihrer Branche – die kennen Ihre Leser wahrscheinlich schon.

- Prüfen Sie Ihre alten Artikel regelmäßig auf tote Links.

Gastartikel

Laden Sie sich Gäste ein.

Die Themensuche, das Recherchieren und Schreiben von guten Blogposts macht viel Arbeit. Außerdem müssen Sie Ihr Blog bekannt machen, netzwerken, sich um neue Leser bemühen. Das kostet Zeit. Viel Zeit.

Deshalb: Nehmen Sie hier öfter mal eine Abkürzung und veröffentlichen Sie hochwertige Gastartikel auf Ihrem Blog.

Vorteile:

- Sie erhalten interessante Blogartikel bequem ins Haus geliefert.

- Die Gastautoren werden auf ihren Artikel verlinken, ihn twittern etc. So erhalten Sie neue Besucher und im Optimalfall neue Stammleser.

- Die Autoren revanchieren sich wahrscheinlich gerne und laden Sie ihrerseits zu einem Gastartikel ein. So lässt sich's gut netzwerken.

- Ihr Blog wächst schneller, bietet öfter frische Inhalte und zieht so mehr Aufmerksamkeit von Lesern und Suchmaschinen auf sich.

Tipps:

- Veröffentlichen Sie einen Blogpost, in dem Sie Ihre Richtlinien für Gastartikel festlegen (Länge, Themenspektrum, maximale Backlink-Anzahl, Regeln für redaktionelle Änderungen oder Keyword-Optimierungen, das Prozedere der Veröffentlichung etc.).

- Diesen Artikel können Sie anschließend im Menü Ihres Blogs fix verankern und ihn am Ende jedes Gastposts verlinken.

- Laden Sie Mitarbeiter, Vorgesetzte, Azubis, Experten, Bloggerkollegen usw. ein, einen Gastartikel zu verfassen. Lassen Sie auch Kunden zu Wort kommen: Wie wenden sie Ihre Produkte an? Welche Tipps können sie anderen Nutzern geben?

- Akzeptieren Sie nur qualitätsvolle Inhalte, die zu Ihrem Blog passen. Themenfremde Posts und Artikel, die nur um der Backlinks willen geschrieben werden, schaden Ihrem Image.

- Überlegen Sie sich, wie oft Sie Gastartikel veröffentlichen. Wenn Sie zu häufig fremde Autoren bringen, verliert Ihr Blog seine Persönlichkeit – die Leser vermissen Ihre Stimme.

- Achten Sie darauf, dass es sich um einzigartige Inhalte handelt, sonst müssen Sie die negativen Auswirkungen von Duplicate Content in Kauf nehmen.

Gastartikel-Roundup

Zeigen Sie, wo Sie überall eingeladen waren.

Sie veröffentlichen wahrscheinlich nicht nur Gastartikel auf Ihrem eigenen Blog, sondern sind auch selbst als Gastautor tätig.

Enthalten Sie Ihrer Leserschaft diese Artikel nicht vor. Weisen Sie zum Beispiel auf jeden einzelnen Gastartikel hin, bringen Sie einen kurzen Auszug und verlinken Sie. Oder fassen Sie mehrere Gastartikel zu einem Roundup zusammen.

Beispiele:

- Rundschau: Meine 10 besten Gastartikel auf Top-Expertenblogs

- Nicht verpassen: Meine Gastartikel zum Thema „Pflege von Obstbäumen"

- So monetarisieren Sie Ihr Blog (Gastartikel auf MoneyMachine)

Und wenn Sie bislang noch keine Gastartikel schreiben, wird's höchste Zeit:

Vorteile des Gastbloggens:

- Sie erreichen neue Leser und machen Ihren Namen bekannter.

- Wenn Sie auf bekannten Blogs posten, fördert das Ihr Expertenimage.

- Sie knüpfen wertvolle Kontakte mit Bloggerkollegen.

- Sie gewinnen potenzielle Gastautoren für Ihr eigenes Blog und damit einen neuen Schwung an hochwertigem Traffic.

- Sie erhalten Backlinks und werden für Suchmaschinen relevanter.

Tipps fürs Gastbloggen:

- Wählen Sie Zielblogs aus Ihrer Branche und unterbreiten Sie Themenvorschläge, die für deren Leser relevant sind.

- Liefern Sie nur erstklassige Artikel – Ihr Gastpost ist ein wichtiges Aushängeschild.

- Halten Sie sich an die Gastartikel-Richtlinien Ihres Zielblogs.

- Behalten Sie die Kommentare im Auge, bringen Sie sich ein.

- Literaturtipp: In meinem eBook „Gastartikel-Guide für Blogger" erfahren Sie alles über erfolgreiches Gastbloggen.

Neuigkeiten

Was gibt es Neues?

Kurz und knackig: In diesem Artikelformat berichten Sie über aktuelle, überraschende, spannende Neuigkeiten aus Ihrer Branche.

So fühlen sich Ihre Leser gut informiert und immer auf dem letzten Stand. Sie vertrauen darauf, dass Sie den Finger am Puls der Zeit haben und einschätzen können, welche Neuigkeiten einen Blogartikel wert sind und welche nicht. Damit übernehmen Sie auch eine gewisse Filterfunktion.

Der Nachteil: Sie müssen schnell sein. Wirklich wichtige Branchennews verbreiten sich wie ein Lauffeuer und sind gleich wieder Schnee von gestern.

Außerdem hat dieses Artikelformat keine „Evergreen"-Qualitäten – das Ablaufdatum ist sehr kurz.

Tipps:

- Kommentieren Sie die Neuigkeit, ziehen Sie Schlussfolgerungen, tun Sie Ihre persönliche Meinung kund. Damit machen Sie zumindest teilweise den Umstand wett, dass Sie Meldungen nur verzögert bringen können.

- Ermuntern Sie Ihre Leser, ihre Ansichten in den Kommentaren zu äußern. Von manchen Branchennews sind viele Besucher betroffen – auf positive oder negative Weise.

- Was gibt es in Ihrem Unternehmen Neues? Neue Produkte, neue Garantiebestimmungen, neue Mitarbeiter, neue Chefs etc.

- Wichtig: Behalten Sie den Kundennutzen im Auge. Beschreiben Sie, was die Aufstockung der Servicemannschaft den Kunden bringt oder was sie vom Wechsel in der Geschäftsleitung zu erwarten haben.

- Fassen Sie Neuigkeiten in einem wöchentlichen Roundup zu-sammen.

- Richten Sie einen Google News Alert für die Schlüsselwörter Ihrer Branche ein. So erhalten Sie die aktuellsten und wichtigsten Meldungen automatisch per Email.

- Berichten Sie, wie allgemeine Neuigkeiten und Trends Ihre Branche beeinflussen. Zum Beispiel, was ein neues Gesetz für Ihre Produkte oder Ihre Firma bedeutet.

Formate mit mittlerem Aufwand

Zusammenfassungen

Quintessenzen herausfiltern.

Mit Zusammenfassungen von Artikeln, Büchern oder Vorträgen helfen Sie Ihren Lesern, auf dem Laufenden zu bleiben. Arbeiten Sie das Wesentliche heraus und übersetzen Sie es – wenn nötig – in allgemein verständliches Deutsch (etwa wenn es steuerliche, technische oder rechtliche Aspekte betrifft).

So reden Sie in Ihrem Blog nicht nur über sich selbst, sondern heben die Arbeit anderer Leute hervor. Und Ihre Leser sparen Geld, Zeit und Nerven. Schließlich will sich nicht jeder durch ein umfassendes, fachliches Standardwerk seiner Branche quälen oder sich Zeit für den Besuch eines Vortrags nehmen.

Tipps:

- Begründen Sie, warum Sie gerade dieses oder jenes Werk zusammenfassen.

- Werden Sie nicht zu trocken, lassen Sie auch Ihre eigene Meinung einfließen, bieten Sie Ihre eigene Perspektive.

- Verlinken Sie auf die Originalquellen.

- Achten Sie auf die korrekte Zitierweise, wenn Sie Auszüge bringen. Sicher ist sicher.

Inhalte:

- Was bedeuten die neuen Steuerregelungen für Freiberufler?

- Was sind die wichtigsten Aussagen in Marx' „Kapital"?

- Was sind die wichtigsten Inhalte in der aktuellen Ausgabe Ihres führenden Branchenmagazins?

- Welche Trends hat Experte XYZ in seinem Handelskammer-Vortrag prognostiziert?

Pro und Contra

Pingpong mit Meinungen.

Bestimmt gibt es auch in Ihrer Branche kontroversielle Themen, an denen sich die Geister scheiden. Picken Sie sich ein solches Thema heraus (am besten eines, das auch Sie stark beschäftigt) und betrachten Sie es von verschiedenen Seiten.

Sammeln Sie die Argumente, die für oder gegen das Thema sprechen, recherchieren Sie ein wenig im Internet, reden Sie mit Freunden darüber, machen Sie ein kleines Brainstorming.

Beginnen Sie Ihren Artikel mit einer kurzen Einleitung, stellen Sie die Pro- und Contra-Argumente gegenüber (zum Beispiel in einer zweispaltigen Tabelle) und schließen Sie mit einem Fazit, ergänzt durch die Aufforderung an die Leser, ihre Meinung als Kommentar zu hinterlassen.

Bei umfassenden Thematiken können Sie den Artikel auch in zwei Teilen bringen: einmal die Argumente der Befürworter, einmal die Einwände der Gegner.

Vorteile:

- Die Leser können sich einen raschen Überblick über das Für und Wider zu einem bestimmten Thema verschaffen.

- Sie finden (möglichst objektive) Argumente zu einer Sache, über die sie im Freundes- und Kollegenkreis vielleicht ohnehin bereits diskutieren, sauber aufbereitet.

- Mit Pro/Contra-Artikeln regen Sie zum Diskutieren an und geben Ihren Besuchern eine gute Grundlage, um sich selbst eine ausgewogene und begründete Meinung zu bilden.

- Die Leser erhalten neue Perspektiven und werden auf bislang unbeachtete Aspekte hingewiesen.

- Mit einer fairen, neutralen und umfassenden Argumentesammlung verschaffen Sie sich Respekt bei Ihrer Leserschaft; man wird Sie vielleicht auch künftig um Ihre Meinung zu komplexen Fragen bitten.

Beispiele:

- Private Pensionsvorsorge: Was spricht dafür, was spricht dagegen?
- Ein Blog als Marketinginstrument: Pro und Contra
- Für und Wider von Online-Singlebörsen

Aufklärungsartikel

Licht ins Dunkel bringen.

Kennen Sie das? Interessenten, die sich in Ihrer Branche (noch) nicht auskennen, stellen immer wieder dieselben Fragen – mit entsetztem oder überraschtem Unterton:

- „Ach, das ist sooo teuer?"

- „Was? Das dauert sooo lange?"

- „Wieso brauchen Sie schon vorab so viele Infos – ich will ja nur ein Angebot von Ihnen?!"

Tun Sie sich und Ihren Kunden etwas Gutes und leisten Sie ein wenig Aufklärungsarbeit. Beschreiben Sie in Ihrem Artikel, wie es in Ihrer Branche abläuft, wie Sie mit den Kunden zusammenarbeiten, mit welchen Zeitspannen, Kosten etc. zu rechnen ist.

Solche Artikel eignen sich besonders gut für erklärungsbedürftige Dienstleistungen, wie sie Grafiker, Fotografen, Designer, Berater, Coaches oder Anwälte anbieten.

Und: Auf solche Blogposts wird auch gern verlinkt – schließlich haben Ihre Branchenkollegen mit denselben Problemen zu kämpfen.

Inhalte:

- Was hat es mit den Nutzungsrechten in Design/Grafik/Fotografie auf sich?

- Welche Informationen muss ein gutes Briefing enthalten?

- Welche Infos benötigen Sie für eine erste Kostenschätzung?

- Wie setzen sich die Honorare für kreative Leistungen zusammen?

- Warum ist Ihr Stundensatz so hoch – was muss er alles abdecken?

- Welche Missverständnisse treten in Ihrer Branche auf?

- Wie läuft ein Projekt üblicherweise ab? Welche Phasen gibt es? Wie lange dauert es?

- Warum sind die Lieferfristen so lang?

- Was bedeuten Begriffe wie „Gut zum Druck", „biologischer Anbau" oder „Geschmacksverstärker"?

Rückblick

Aus der Vergangenheit lernen.

Besonders zu Jahresende blicken viele Blogger zurück, resümieren, ziehen Erkenntnisse aus den Geschehnissen der vergangenen Monate.

Rückblicke sind aber jederzeit möglich – sei es in Bezug auf Ihre persönliche Karriere oder die Entwicklung Ihres Unternehmens seit den Anfangstagen. Betreiben Sie ein wenig Geschichtsmarketing, lockern Sie Ihren Artikel (oder Ihre Artikel-Serie) durch Fotos und Interviews mit pensionierten Mitarbeitern auf, zeigen Sie die Höhen und Tiefen Ihrer unternehmerischen Vergangenheit.

Oder beschränken Sie sich auf Ihr Produkt – zum Beispiel in Form einer „kleinen Geschichte des Marmeladeglases".

Inhalte:

Persönlicher Rückblick/Unternehmensrückblick.

- Wie hat sich Ihr Unternehmen/Ihre Karriere entwickelt und verändert?

- Welche Fehler haben Sie gemacht?

- Was würden Sie heute anders machen?

- Was hat das vergangene Jahr an Höhepunkten und Tiefschlägen gebracht?

Branchenrückblick.

- Wie hat sich Ihre Industrie/Ihre Branche in den letzten Jahren verändert?

- Welche Trends haben sich nicht verwirklicht?

- Welche Entwicklungen sind rascher als gedacht eingetreten?

Produktrückblick.

- Wie hat sich Ihr Produkt im Laufe der Jahrzehnte/Jahrhunderte entwickelt?

- Wie hat man vor Jahrzehnten/Jahrhunderten Ihr Produkt hergestellt?

- Welche neuen Technologien haben Ihr Produkt verändert?

- Welche internationalen Einflüsse haben auf Ihr Erzeugnis eingewirkt?

- Wie haben sich Geschmack und Bedürfnisse der Zielgruppe verändert?

- Wie hat sich der Zeitgeist im Hinblick auf Ihr Produkt verändert?

Ausblick

In die Glaskugel schauen.

Der Blick in die Zukunft – seit jeher ein Faszinosum für viele Menschen. Wagen auch Sie Vorhersagen, überlegen Sie, in welche Richtung sich Ihre Branche oder Ihr Unternehmen bewegen wird. Mit solchen (gut begründeten) Voraussagen untermauern Sie Ihre Autorität und regen Diskussionen unter Ihren Lesern an.

Nicht vergessen: Kommen Sie nach einer entsprechenden Zeitspanne wieder auf diesen „Glaskugel-Artikel" zurück und überprüfen Sie, wie treffend Sie die Zukunft vorhergesagt haben bzw. inwieweit Sie Ihre persönlichen/unternehmerischen Ziele erreicht haben.

Tipps:

- Ihre Argumente müssen widerspiegeln, dass Sie sich in Ihrem Metier auskennen.

- Verwenden Sie empirische Daten zur Untermauerung Ihrer Aussagen.

- Vertreten Sie Ihren ganz persönlichen Standpunkt, beziehen Sie Stellung.

- Nutzen sie historische Entwicklungen bzw. Zyklen, um Ihre Position zu bekräftigen.

- Ziehen Sie Vergleiche zu ähnlichen Branchen (z. B. eBooks versus MP3s).

Inhalte:

- Wie wird sich eine bestimmte Technologie entwickeln?

- Wie sind die Aussichten für eine spezielle Branche, einen spezifischen Berufszweig?

- Was ist Ihre persönliche Meinung, was sagen Experten?
- Was sagen Trendumfragen, Artikel aus Branchenmagazinen?
- Was sind die bestimmenden Trends der nächsten fünf Jahre?
- Wie entwickelt sich die Branche in anderen Ländern?
- Welche unternehmerischen Ziele haben Sie?
- Welche Ziele haben Sie für Ihr Blog?

Saisonale Artikel

Alles zu seiner Zeit.

Manche Branchen sind von Haus aus saisonabhängig: Landwirtschaft, Tourismus, Gartenbau usw. Hier finden sich immer genügend Themen, die auf Jahreszeiten, Ferientermine oder Feiertage abzielen.

Aber auch in anderen Branchen gibt es saisonale Besonderheiten und Schwankungen – man denke nur an das viel beschworene Sommerloch.

Geben Sie in Ihrem Artikel nützliche Ratschläge, wie sich die Auf und Abs im Jahreslauf nutzen bzw. überbrücken lassen, machen Sie spezielle Angebote, weisen Sie auf Beiträge, Nachrichten, Veranstaltungen oder Umfragen hin, die sich mit saisonalen Spezifika beschäftigen.

Inhalte:

- Frühling: Tipps für den Frühjahrsputz, Gartentipps, Entschlackungskuren etc.

- Sommer: Veranstaltungshinweise für Daheimgebliebene, Spieltipps für Regentage etc.

- Thema Sommerloch: Dos and Don'ts für die Akquise im Sommer, das Sommerloch sinnvoll nutzen, gibt es das Sommerloch überhaupt etc.

- Weihnachten: pro und contra Weihnachtsgrüße, Templates für Weihnachts-Emails, Rezepte, Spendenaufrufe, Konsumstress, Familienzwist unterm Weihnachtsbaum etc.

- Jahresende: Rückblick (beste/beliebteste Blogartikel, das Jahr im Zeitraffer etc.) und Ausblick auf das kommende Jahr

- spezielle Angebote zu Ostern, Muttertag, Schulbeginn etc.

- Ausverkauf

Produktartikel

Was Leser schon immer über Ihr Angebot wissen wollten.

Für Betreiber eines Unternehmensblogs eine logische Sache: Stellen Sie einfach Ihre Produkte vor.

Aber: Packen Sie es richtig an. Verfallen Sie nicht in anbiedernde Werbesprache, sondern bleiben Sie dem journalistisch-persönlichen Stil Ihres Blogs treu. Hier geht es nicht darum, Ihre Produkte zu verkaufen, sondern sie zu erklären und ihren Nutzen aufzuzeigen.

Nutzen Sie den Platz, den Ihnen ein Blogartikel bietet, und holen Sie ruhig weiter aus. Die Hauptsache ist, dass Sie dem Leser hilfreiche Infos bieten.

Tipps:

- Widmen Sie sich einem spezifischen Produktdetail in aller Ausführlichkeit. Beschreiben Sie dessen Funktionsweise und Vorteile, laden Sie Ihre Leser ein, konkrete Fragen zu stellen. Bei komplexen Produkten wie Programmen, technischen Geräten oder Beratungsleistungen ergibt das jede Menge an Blogartikeln.

- Zeigen Sie anhand praktischer Beispiele, wie sich Ihr Erzeugnis einsetzen lässt, wie es die Arbeit und das Leben der Anwender verbessert. Dazu können Sie auch Kunden interviewen oder diese gleich selbst berichten lassen.

- Beschreiben Sie den Nutzen Ihres Angebotes. Führen Sie also nicht nur Eigenschaften an, sondern illustrieren Sie anschaulich, was der Kunde von Ihrem Produkt oder Ihrem Service hat: Wie es ihm Zeit, Nerven oder Geld spart, wie es ihn glücklicher, wohlhabender oder beliebter macht.

- Zeigen Sie, was Sie zu bieten haben. Greifen Sie einzelne Sparten Ihres Angebots heraus und widmen Sie ihnen einen Blogpost. Sie werden feststellen: Kaum ein Kunde/Blogleser kennt Ihr gesamtes Angebot; manche Leistungen oder Produkte führen ein Schattendasein, weil sie die Zielgruppe einfach nicht wahrnimmt. Bieten Sie diesen Mauerblümchen ein Podium.

- Berichten Sie von exklusiven Services und nützlichen Dienstleistungen, die Sie von anderen Anbietern unterscheiden – zum Beispiel Gratismontage, kostenlose Produktschulungen oder Lieferung am Wochenende.

- Erzählen Sie die Geschichte Ihres Erzeugnisses – ob Kinderwagen, Nähmaschine oder Brille. Von den Anfängen über die verschiedenen Entwicklungsstufen bis zum aktuellen Modell. Bringen Sie Zeichnungen, Fotos, Interviews mit früheren Mitarbeitern. Mit solch einem historischen Rückblick beweisen Sie Ihre Innovationskraft und Ihre Leidenschaft für das Produkt.

Events

Alles rund um Veranstaltungen.

Events sind immer ein dankbares Blogthema – Sie können vor, während und nach einer Veranstaltung ausführlich berichten, Fakten und eigene Meinung verbinden und den Artikel mit Fotos und kurzen Videos auflockern.

So halten Sie Ihre Leser über wichtige (Branchen)Veranstaltungen auf dem Laufenden und informieren jene, die bei einem Event nicht dabei sein konnten.

Inhalte:

- Kündigen Sie ein Event an – sei es der eigene Tag der offenen Tür oder das alljährliche Treffen der Oldtimerfreunde Bayern Süd.

- Verbinden Sie es mit einem kleinen, unverbindlichen Treffen mit Ihren Bloglesern à la „Die Konferenz endet Freitag um 14.00 h. Danach bin ich im Café des Marriott Frankfurt zu finden – schauen Sie doch einfach vorbei!"

- Berichten Sie über besuchte Veranstaltungen: Messen, Branchenkongresse, Vorträge, Seminare, Netzwerktreffen etc. Teilen Sie Ihre Eindrücke, lassen Sie Ihre Leser an wichtigen Erkenntnissen teilhaben.

- Berichten Sie während einer Veranstaltung – bloggen Sie live! Und kündigen Sie das natürlich auch rechtzeitig an. So gewinnen Sie garantiert neue Leser.

- Verlosen Sie Eintrittskarten oder Seminarplätze.

- Bereiten Sie Ihre Seminar- oder Vortragsnotizen als Blogartikel auf.

- Viele Vortragende stellen ihre Präsentationen ins Netz – verlinken Sie auf diese Inhalte.

- Versuchen Sie sich als Journalist: Interviewen Sie Messe-, Kongress- und Vortragsteilnehmer oder – mit ein wenig Glück oder guten Kontakten – auch die Redner und Stars der Veranstaltung. So sorgen Sie für exklusive Inhalte auf Ihrem Blog.

- Bei großen Veranstaltungen wie der Frankfurter Buchmesse können Sie Ihre eigenen Schilderungen durch Links auf andere interessante Berichterstattungen ergänzen.

Checklisten

Nützliches zum Abhaken.

Checklisten sind eine praktische Arbeitserleichterung und eignen sich für jede Branche – von Hochzeitschecklisten über Checklisten für Bewerbungsunterlagen bis hin zu Checklisten für Blogartikel.

Und wie jedes nützliche Werkzeug werden auch solche Listen gerne gespeichert, mit Lesezeichen versehen und weiterverlinkt, denn sie bieten echten (und oft zeitlosen) Mehrwert.

Was macht Checklisten eigentlich so sexy?

Vorteile:

- Checklisten machen komplexe Aufgaben überschaubar und leichter zu bewältigen. Sie strukturieren Abläufe und vereinfachen die Planung.

- Sie entlasten, geben Gewissheit, beruhigen und erleichtern die Kontrolle.

- Checklisten sind besonders nützlich, wenn der Anwender unter Zeitdruck steht und daher Gefahr läuft, kleinere Details und scheinbare Selbstverständlichkeiten zu übersehen.

- Sie sind ein bewährtes Mittel gegen Betriebsblindheit und verhindern fahrlässige Schlamperei.

- Checklisten sparen Zeit, Geld und Nerven.

- Auch Sie als Autor profitieren: Sie müssen sich den Ablauf einer bestimmten Aufgabe noch einmal genau vor Augen führen und verbessern so Ihre eigenen Arbeitsroutinen.

Tipps:

- Stellen Sie die Checkliste auch als PDF zur Verfügung (mit kleinen Kästchen zum Abhaken). Weisen Sie darauf hin, dass sie weitergereicht werden darf und versehen Sie das Dokument mit Ihren Kontaktdaten. So erreichen Sie auch Nicht-Blogger.

- Auch Abläufe, die Ihnen schon in Fleisch und Blut übergegangen sind, können Sie als Checklisten aufbereiten. Zum Beispiel packen Sie als erfahrener Hochzeitsfotograf Ihre Fototasche blind. Aber ein Anfänger, der seinem ersten Hochzeitsshooting entgegenfiebert, ist dankbar für eine übersichtliche Liste.

- Lassen Sie die Checkliste noch einmal gegenlesen. Denn schließlich können auch Sie wichtige Punkte übersehen …

Die größten Fehler Ihrer Branche

Wo lauern die Fettnäpfe?

Jeder von uns hat schon Lehrgeld bezahlt. Und im Nachhinein fragt man sich: Warum habe ich es damals nicht besser gewusst? Warum habe ich diesen oder jenen Rat nicht angenommen? Warum war ich taub und blind und habe Gefahrensignale übersehen?

Mit einem Blogartikel können Sie andere vor genau diesen Fehlern bewahren.

Beschreiben Sie die größten, teuersten, am meisten unterschätzten Gefahren und Fallen in Ihrer Branche. Machen Sie eine Liste jener Fehler, die man leicht übersieht und die in eine Sackgasse führen.

Tipps:

- Plaudern Sie ruhig aus dem Nähkästchen. Schildern Sie, in welche Fallen Sie getappt sind, welche Folgen das hatte und was Sie heute anders machen würden. Wenn Sie Ihre Irrtümer offen zugeben, macht Sie das sympathisch.

- Ersparen Sie Ihren Lesern Peinlichkeiten und schmerzhafte Fehlentscheidungen. Sie werden Ihnen dafür dankbar sein und Sie als Autorität schätzen.

- Indem Sie zeigen, was Sie aus Ihren Fehlern gelernt haben und wie Sie sich wieder hochgerappelt haben, verschaffen Sie sich Respekt.

- Führen Sie nicht nur die Gefahren an, sondern bieten Sie auch Lösungen und Alternativen.

Beispiele:

- 10 Gründe, warum niedrige Stundensätze so gefährlich sind

- 5 Fehler beim Umgang mit anspruchsvollen Kunden

Artikel für Anfänger

Was Frischlinge wissen wollen.

Vielleicht sind Sie in Ihrer Nische schon ein alter Hase und kennen Ihr Metier aus dem Effeff. Sie richten Ihre Blogartikel automatisch auf die Bedürfnisse und Erwartungen anderer Routiniers aus, gehen detailverliebt ans Werk und widmen sich einem Spezialproblem nach dem anderen.

Aber was ist mit den Anfängern in Ihrer Branche?

Als Blogger vergisst man immer wieder, dass viele Leser erst beginnen, sich mit dem eigenen Blogthema zu beschäftigen. Also zum Beispiel zum ersten Mal vor der Aufgabe stehen, einen Werbebrief zu texten oder ein Blog aufzusetzen. Und diese Nutzer sind froh um allgemeine Basisinfos.

Vernachlässigen Sie also diese Lesergruppe nicht zu sehr und schreiben Sie hin und wieder Artikel, die sich speziell an Neulinge wenden.

Denken Sie an Ihre Anfangstage zurück, rufen Sie sich Ihre Fragen und Unsicherheiten in Erinnerung und widmen Sie ihnen einen Blogartikel. Auch wenn Ihnen heute viele Fragen sehr simpel vorkommen: Ein Blogpost kann gar nicht zu „einfach" sein. Denn es gibt immer Menschen, die für jeden Anfängertipp dankbar sind.

So erschließen Sie eine neue Publikumsschicht und gewinnen neue Stammleser. Und mal ehrlich: Auch für Könner ist es manchmal überaus erfrischend, an grundlegende Dinge erinnert zu werden.

Tipp:

Wenn Ihr Blog schon einen gewissen Umfang erreicht hat: Stellen Sie ausgesuchte Artikel zusammen, die Neulingen einen ersten Überblick über Ihr Thema verschaffen – quasi eine kleine Anfängertour durch Ihr Archiv.

Beispiele:

- Expertentipps für Einsteiger: So wählen Sie die passende Börsenstrategie
- So reinigen Sie ein Flusensieb in 3 einfachen Schritten
- 10 Dinge, die Segel-Anfänger beachten sollten

FAQ

Fragen, die Kunden häufig stellen.

Bestimmt tauchen in Ihrem Unternehmen oder in Ihrem Blog immer wieder dieselben Fragen von Kunden und Interessenten auf – via Email oder Kontaktformular oder bei Vertriebsgesprächen. Sammeln Sie diese Fragen, beantworten Sie sie kurz und knackig und erstellen Sie daraus einen FAQ-Artikel (Frequently Asked Questions).

Vorteile:

- Bei den FAQ widmen Sie sich den wichtigsten Fragen Ihrer Leser. So räumen Sie Vorbehalte aus dem Weg, schaffen Transparenz und – wichtig bei Unternehmensblogs – lösen kaufhemmende Widerstände auf. Außerdem signalisieren Sie: „Wir nehmen uns Zeit. Wir kümmern uns um die Anliegen unserer Kunden."

- Einmal gesammelt, können Sie die FAQ in verschiedenen Kommunikationsmitteln verwenden, zum Beispiel auf Ihrer Webseite. So müssen Sie nicht die immer gleichen Fragen telefonisch oder per Mail beantworten.

- Und: Beim Sammeln und Formulieren der Fragen wird Ihnen bewusst, wie der potenzielle Kunde Sie und Ihr Angebot wahrnimmt. Sie entdecken eventuell Lücken in der Verkaufsargumentation oder bei der Präsentation Ihrer Produkte bzw. Ihres Blogs.

- Ein FAQ-Artikel unterstützt auch die Suchmaschinenoptimierung Ihres Blogs. Denn viele Anwender googeln nicht nur einzelne Schlüsselwörter, sondern spezifische Fragen – und landen dann hoffentlich auf Ihrem Blog.

Tipps:

- Überlegen Sie, welche Fragen Ihre Interessenten und Blogleser regelmäßig stellen: in den Kommentaren, am Telefon, per Email oder in den Gesprächen mit Ihren Vertriebsmitarbeitern.

- Beginnen Sie mit den einfachsten Fragen und beantworten Sie die komplexeren Themen zum Schluss. Gruppieren Sie die Fragen thematisch passend, damit sich der Leser leichter zurechtfindet.

- Vor allem für Unternehmensblogs gilt: Schreiben Sie einfach, persönlich und verständlich. Es geht hier weniger um den Verkauf als um Informationen. Halten Sie sich so kurz wie möglich und kommen Sie schnell zum Punkt.

- Falls der Leser keine Antwort auf seine spezielle Frage gefunden hat: Laden Sie ihn ein, sie via Kommentar oder per Email zu stellen.

- Die einzelnen Fragen Ihres FAQ-Artikels ergeben wiederum Stoff für neue Blogposts, in denen Sie sich einzelnen Aspekten ausführlich widmen.

SAQ

Fragen, die Kunden häufig stellen sollten.

SAQ bedeutet „Should Ask Questions". Es geht hier also nicht um solche Fragen, die Leser und Kunden tatsächlich stellen (= Frequently Asked Questions, FAQ), sondern um jene Themen, die eigentlich wichtig wären, aber zu selten aufgeworfen werden.

Die Überlegung hinter einem solchen SAQ-Artikel: Sie sind der Experte in einem bestimmten Gebiet und kennen die Fallen, Gefahren und Stolpersteine in- und auswendig. Zumindest besser als die meisten Ihrer Leser und Kunden.

Sie wissen, worauf es wirklich ankommt und worauf man achten sollte. Daher können Sie Fragen stellen, auf die die meisten Kunden gar nicht kommen oder vor denen sie zurückschrecken (zum Beispiel aus falsch verstandener Höflichkeit).

Im Gegensatz zu einem FAQ-Artikel befragen Sie sich bei „Should Ask Questions" also selbst und geben auch selbst die Antworten. Sie bieten damit wertvolle Insider-Informationen, klären Kunden und Leser auf und stärken Ihr Expertenimage.

Beispiele:

- 5 Kundenfragen, die Webdesigner gerne öfter hören würden

- Karriere in der Musikbranche: 10 Fragen, die viel zu selten gestellt werden

- Geld verdienen mit Franchise: Was niemand zu fragen wagt

Soft Skills für Ihre Branche

Vom Allgemeinen zum Spezifischen.

Manche Fähigkeiten sind für jede Branche relevant – zum Beispiel ein Projekt organisieren oder einen spannenden Vortrag halten.

Wie man diese Dinge erfolgreich anpackt, ist Thema unzähliger Bücher und Blogs. Hier eine neue Nische zu finden, ist sehr schwer oder zumindest sehr zeitaufwändig.

Wählen Sie lieber eine bestimmte Soft Skill aus und wenden Sie sie auf Ihre Branche an.

Beschreiben Sie zum Beispiel, wie man als Förster den Bürokram effizient bewältigt oder wie man als Innenausstatter ein Verkaufsgespräch richtig aufbaut oder wie man als Journalistin Familie und Job vereinbart oder wie man als Landwirt seine Kraftreserven schont.

Mit solchen Artikeln zeigen Sie Ihren Lesern, wie sie allgemeine Prinzipien auf ihre alltägliche Arbeitssituation anwenden.

Inhalte:

- Zeitmanagement

- Projektmanagement

- Präsentationen und Vorträge halten

- Stilkunde

- Verhandlungsführung

- Preiskalkulation

- Angebote nachfassen

- Reklamationen beantworten

- mit Absagen umgehen

- Familie und Beruf vereinbaren

Inspiration und Motivation

Moralische Unterstützung für Ihre Leser.

Bloggen Sie nicht nur über harte Daten und Fakten, über Produkte und praktische Ratschläge. Widmen Sie den einen oder anderen Artikel auch der Inspiration und Motivation, der persönlichen Entwicklung, dem „Empowerment", wie man heutzutage sagt.

So verbinden Sie sich mit Ihren Lesern auf einer neuen Ebene und geben ihnen Kraft und Energie.

Inhalte:

- Schreiben Sie darüber, was Sie seit Beginn Ihrer Tätigkeit oder Ihres Projektes erreicht haben. Zum Beispiel, wie viele eBooks Sie in einem Jahr verkauft oder wie viele neue Kunden Sie an Land gezogen haben. So zeigen Sie Ihren Lesern – die sich oft stark mit Ihnen identifizieren –, was möglich ist.

- Bringen Sie aufbauende Zitate – zum Beispiel von erfolgreichen Unternehmern oder Künstlern.

- Beschreiben Sie, wie Sie nach einem beruflichen oder privaten Rückschlag wieder auf die Beine gekommen sind und wie sich Ihr Leben seither zum Besseren verändert hat.

- Diskutieren Sie Zielfindungs- und Kreativitätstechniken.

- Laden Sie Ihre Leser ein, in einem Kommentar oder einem Gastartikel über ihre Erfolgsgeschichten zu berichten.

- Schreiben Sie über eine Figur aus Politik, Wirtschaft, Kunst, Sport etc., die Sie besonders bewundern.

- Sprechen Sie darüber, was Ihnen guttut, wenn Sie mal nicht so motiviert sind.

- Erzählen Sie eine Geschichte, die Mut macht.

Problemlösung

Konkrete Hilfestellungen.

Während sich Fallstudien mit spezifischen Kundenproblemen befassen, ist ein klassischer Problemlösungs-Artikel allgemein gehalten.

Im Mittelpunkt steht eine Frage, über die fast jeder in Ihrer Branche früher oder später stolpert. In Ihrem Post analysieren Sie dieses Problem und bieten verschiedene Lösungsmöglichkeiten – Alternativen, die Sie vielleicht selbst schon ausprobiert oder von denen Sie gehört bzw. gelesen haben.

Das Ergebnis ist ein praxisorientierter Artikel, der den Lesern konkret weiterhilft.

Tipp 1:

Seien Sie spezifisch, wählen Sie ein eng gefasstes Problem. So unterstützen Sie Ihre Zielgruppe am besten.

Tipp 2:

Widmen Sie sich den Problemen, die bei einem bestimmten Produkt auftauchen können, zum Beispiel der Lärmentwicklung eines Geräts oder dem Verschleiß von Teilen.

Der Vorteil: Sie helfen damit nicht nur frustrierten Produktnutzern weiter, sondern profitieren auch von dem Umstand, dass viele Anwender die Keyword-Kombination „Produkt XY" und „Problem" googeln. So ziehen Sie neue Besucher auf Ihr Blog.

Beispiele:

- Wie Redenschreiber große Unternehmen als Kunden gewinnen

- Altenpfleger in städtischen Heimen: So vermeiden Sie Burnout

Geschichten

Erzählen Sie doch mal.

Als Kinder lassen wir uns gerne Märchen vorlesen, als Erwachsene faszinieren uns Mythen, Dramen und gute Filme: Geschichten begleiten uns durch das ganze Leben. Sie bringen uns zum Lachen, zum Weinen und zum Nachdenken; sie erzeugen einen Widerhall und können uns dazu motivieren, unser Leben zu ändern.

Nutzen Sie dieses mächtige Erzählformat auch auf Ihrem Blog. Verpacken Sie Ihre Erkenntnisse, Botschaften oder Ratschläge in gute Geschichten.

So werden Sie als Person greifbarer, unterhalten Ihre Leser auf intelligente Weise und können sich auf einer neuen, tieferen Ebene mit ihnen verbinden – besonders, wenn die Leser ähnliche Erfahrungen gemacht haben.

Inhalte:

- Erlebnisse mit Kunden oder Lieferanten

- Anekdoten

- ein Erlebnis, das Ihre Sicht der Dinge verändert hat

- Ereignisse aus Ihrer Firmengeschichte

- die Entwicklung Ihres Unternehmens

- die Lebensgeschichte des Firmengründers

- Erfolgsgeschichten

- Ihre persönliche (Miss)Erfolgsgeschichte als Märchen

- Erfahrungen, Lehren, Erkenntnisse in Gedichtform

- Bildgeschichten (Comics, Cartoons, Fotos)

- die Geschichte eines Produktes

Warum-Artikel

Warum? Warum nicht?

Dieses Artikelformat ist schnell beschrieben: Sie beantworten eine Warum-Frage, sei es in Listenform oder mit ausführlichem Text. Oder natürlich auch als Audio oder Video.

In diesem Post widmen Sie sich der Frage, warum Ihre Leser etwas tun bzw. nicht tun sollten, warum etwas so ist, wie es ist – oder eben nicht. Sie können sich Ihrem Thema also auf positive oder negative Weise nähern.

Vorteile:

- Sie gehen einer Sache auf den Grund, nehmen unterschiedliche Perspektiven ein und können sich mit durchdachten, detaillierten Antworten als Experte positionieren.

- Sie entdecken Ursachen und Zusammenhänge, die im Alltagsleben übersehen oder verdrängt werden; Sie schlachten vielleicht sogar „heilige Kühe", vorherrschende Glaubenssätze, die sich in Ihrer Branche verfestigt haben und den Blick auf neue Lösungen verstellen.

- Warum-Artikel eignen sich sehr gut, um eine Debatte unter Ihren Lesern anzufachen. Laden Sie sie ein, Ihre Argumente zu ergänzen und zu diskutieren.

- Natürlich können Sie Ihre Frage auch anderen Bloggern oder Experten stellen und die Ergebnisse zusammenfassen. So knüpfen Sie neue Kontakte im Netz und machen Ihr Blog bekannter.

Beispiele:

- Warum Sie nicht auf Fleisch verzichten sollten

- Warum eignet sich Gold nicht als Sicherheitspolster?

- Warum sich Blogger auf eine enge Nische konzentrieren sollten

Fragebogen

Lassen Sie Ihre Leser arbeiten.

In manchen Branchen sollte sich der potenzielle Kunde zunächst intensiv mit seinen Wünschen und Zielen beschäftigen. Er muss also seine Hausaufgaben machen, bevor er ein Angebot erhält, das genau auf seine Bedürfnisse eingeht.

Das gilt besonders für erklärungsbedürftige Leistungen wie Webdesign, Coaching, Marketing- und Unternehmensberatung, Geldanlage usw., also für alle Branchen, in denen komplexe Probleme gelöst werden müssen und verschiedene Methoden angewendet werden können.

Entwerfen Sie dazu einen Fragebogen, ein Arbeitsblatt oder eine Checkliste, das Ihren Interessenten hilft, sich über ihre Vorstellungen klar zu werden.

Wenn der potenzielle Kunde dann bei Ihnen anfragt und den ausgefüllten Fragebogen übermittelt, wissen Sie schon, wohin die Reise geht und haben wertvolle Vorabinfos gesammelt.

Und Sie arbeiten mit einem „aufgeklärten", informierten Kunden zusammen – die perfekte Basis für zufriedene Klienten und gute Ergebnisse.

Inhalte:

- Der Fragebogen eines Werbebrief-Texters enthält zum Beispiel folgende Themen: Worin liegt der Nutzen des beworbenen Produktes? Wie kann der Leser dazu gebracht werden, möglichst schnell auf das Mailing zu reagieren?

- Ein Finanzberater bittet seine zukünftigen Kunden, sich folgende Punkte zu überlegen: Haben sie Erfahrung mit risikoreichen Anlageprodukten? Wie intensiv verfolgen sie die wirtschaftliche Entwicklung? Wie spontan oder überlegt gehen sie bei der Geldanlage vor?

- Aus dem Fragebogen eines Coachs: Wie bewerten die Interessenten die einzelnen Lebensbereiche auf einer Zufriedenheitsskala? Was ist ihnen am wichtigsten? Wo holen sie sich gegenwärtig emotionale Unterstützung?

Umfragen

Hören Sie sich mal um.

Wenn Ihre Leserschaft groß genug ist und Sie für mehr Interaktion sorgen wollen: Starten Sie einfach mal eine Umfrage und präsentieren Sie die Ergebnisse in einem weiteren Artikel.

Vorteile:

- Sie erfahren, was Ihre Leser bzw. Kunden bewegt, wie die Stimmung ist, wo der Schuh drückt.

- Sie bauen eine engere Bindung zu Ihren Blogbesuchern auf.

- Sie gewinnen Ideen für neue Blogposts.

- Sie erhalten Anregungen für Änderungen/Verbesserungen von Produkten, Dienstleistungen und Marketingstrategien.

Tipps:

- Eine einfache Umfrage besteht aus einer Frage mit einer bestimmten Anzahl von möglichen Antworten. Zum Beispiel: Was ist für Sie die wichtigste Eigenschaft eines Therapeuten? (a) Einfühlsamkeit (b) Zuverlässigkeit (c) Ehrlichkeit (d) Lösungsorientiertheit.

- Wenn Sie genauere Antworten benötigen, können Sie auch eine umfangreichere Untersuchung durchführen inklusive ausführlichem Fragebogen mit einer Mischung aus Multiple-Choice-Fragen und offenen Fragen.

- Machen Sie die Teilnahme an der Befragung so einfach und bequem wie möglich.

- Bedanken Sie sich bei Ihren Lesern mit einem kleinen Geschenk oder einer Verlosung.

Tools:

Im Internet finden Sie eine ganze Reihe von Werkzeugen, mit denen Sie eine Online-Umfrage durchführen können. Hier eine kleine Auswahl von kostenlosen Anwendungen:

de.surveymonkey.com

polldaddy.com

www.kwiksurveys.com

www.zoomerang.com

Interviews

Die Kunst des Fragens.

Mit Interviews erhalten Sie spannende, einzigartige Inhalte – und das ohne allzu viel Aufwand. Sie unterhalten, berühren, informieren Ihre Leser, lernen neue Menschen kennen und ziehen neue Besucher auf Ihr Blog. Klingt gut, nicht?

Außerdem stärkt es Ihr Image, wenn Sie geistreiche Leute aus der Branche befragen. Also: Legen Sie los.

Inhalte:

- Interviews mit Kollegen, Chefs, Azubis, pensionierten Mitarbeitern
- Interviews mit Erfolgsmenschen und Gescheiterten
- Interviews mit Experten und Gurus
- Interviews mit Neulingen und Fortgeschrittenen
- Interviews mit anderen Bloggern und Branchenkollegen

Tipps:

- Machen Sie Ihre Hausaufgaben. Informieren Sie sich über Ihren Interviewpartner, stellen Sie sich auf ihn ein – das ist die Basis für Fragen, die zu ergiebigen, unterhaltsamen Antworten führen.

- Überlegen Sie sich Fragen, die sowohl Sie als auch Ihre Leser interessieren. Versuchen Sie, die üblichen 08/15-Fragen zu vermeiden.

- Wählen Sie eine Interviewform, mit der Sie sich beide wohlfühlen: ein persönliches Treffen, Skype, Twitter, Email, Telefon usw. Seien Sie kreativ.

- Denken Sie daran, dass es um Ihren Interviewpartner geht, nicht um Sie. Reden Sie also nicht zu viel über sich – halten Sie aber dennoch das Gespräch in Fluss und feuern Sie nicht nur eine Frage nach der anderen ab.

- Stellen Sie offene Fragen (was, warum, wer ...) – keine Ja-/Nein-Fragen.

- Schicken Sie Ihrem Gegenüber den Link zum veröffentlichten Interview.

- Kommentieren Sie das Interview. Geben Sie zum Beispiel einem interviewten Anfänger etwas von Ihren Erfahrungen mit, motivieren Sie ihn.

- Wie wär's mit Follow-up-Interviews? Zum Beispiel mit einem Branchenneuling, der Ihre Tipps erfolgreich umgesetzt hat – das ist unbezahlbare Werbung für Sie.

Interview-Roundups

Reichen Sie Fragen rum.

Eine interessante Variante von Interview-Artikeln: Stellen Sie eine oder mehrere identische Fragen an verschiedene Blogger, Experten etc. Am besten per Email.

Wählen Sie Fragen aus, die die Leser bewegen, die „heiß" sind und die Branche umtreiben. Denken Sie daran: Der Erfolg Ihres Roundups steht und fällt mit der Qualität und Originalität Ihrer Fragen.

Vorteile:

- Sie erhalten ein Stimmungsbild der Branche.

- Da jeder Interviewte dieselben Fragen beantwortet, ergeben sich aufschlussreiche Vergleiche.

- Ihre Interviewpartner werden auf deren Blogs von Ihrem Roundup berichten. So erhalten Sie wertvolle Backlinks und Ihr Blog wird bekannter.

- Sie vertiefen und erweitern Ihr Netzwerk.

Tipps:

- Kündigen Sie das Roundup in einem Blogpost an, bringen Sie die einzelnen Interviews in separaten Artikeln und fassen Sie zum Schluss die Ergebnisse zusammen.

- Fragen Sie auch nach Zahlen und Daten – diese sind besonders gut vergleichbar.

- Überlegen Sie sich, wie Sie die Resultate vergleichend darstellen können: in reiner Textform, als Tabelle oder Infografik.

- Verlinken Sie bei jedem Interview und auf dem Abschlusspost auf alle anderen Interviews. So finden sich auch Quereinsteiger leicht zurecht und verpassen nichts.

- Nutzen Sie die Interviews mehrfach, etwa zusammengefasst als Artikel in Ihrer Firmenzeitung.

Beispiele:

- Was führende SEO-Experten zum Panda-Update von Google sagen

- Semesterstart an österreichischen Unis: Das bewegt ausländische Studienanfänger

- Wie Tiroler Mittelständler die Euro-Krise bewerten

Blogparade

Veranstalten Sie einen Blogkarneval.

Bei einer Blogparade geben Sie ein bestimmtes Thema vor. Sie veröffentlichen dazu einen Blogartikel und laden Ihre Leser ein, ihrerseits einen Post zum Thema zu verfassen.

Wer an Ihrer Blogparade teilnimmt, veröffentlicht diesen Post dann auf seinem eigenen Blog (unter Verweis auf Ihre Blogparade) und schickt Ihnen den entsprechenden Link.

Das Ganze findet innerhalb des Zeitraums statt, den Sie vorgegeben haben – meist wenige Wochen.

Nach Ablauf dieser Frist erstellen Sie einen zusammenfassenden Blogpost und verlinken zu allen eingereichten Artikeln. Sie kommentieren die Beiträge der Teilnehmer, fassen sie kurz zusammen, schreiben ein Resumé. Auf diese Weise bieten Sie den Lesern einen bequemen Überblick über die verschiedenen Ansichten und Argumente zu Ihrem Blogparaden-Thema.

Diese Grundstruktur können Sie natürlich auch abwandeln, etwa, indem Sie den besten Teilnehmerartikel prämieren oder die Posts in einem eBook veröffentlichen.

Vorteile:

- Sie knüpfen neue Kontakte zu anderen Bloggern.

- Sie erreichen viele neue Leser.

- Sie erhalten wertvolle Backlinks.

- Sie machen Ihren Namen bekannter, stärken Ihr Image.

Tipps:

- Kündigen Sie Ihr Projekt auf www.blog-parade.de an (hier finden Sie auch weitere Infos zum Konzept der Blogparade).

- Bewerben Sie Ihre Blogparade in Foren, schreiben Sie befreundete Blogger an.

- Verwerten Sie die gesammelten Beiträge in einem weiteren Medium, etwa einem eBook. Aber geben Sie das unbedingt schon beim Start der Parade bekannt.

- Überlegen Sie sich, ob Sie nicht nur einmal, sondern regelmäßig (monatlich, einmal im Quartal) als Gastgeber einer Blogparade tätig sein wollen. Ihre Parade kann sich dann zu einer beliebten Institution entwickeln.

Rezensionen

Ihre Meinung zu den Dingen.

Bei vielen Kaufentscheidungen verlassen sich die Menschen auf die Meinung von Freunden und Autoritäten. Man hört sich um, wo die Pluspunkte und Schwachstellen von bestimmten Produkten liegen, für welche Einsatzbereiche sie sich eignen und womit man allgemein rechnen muss.

Mit ausführlichen Rezensionen können Sie Ihren Lesern bei Kaufentscheidungen helfen und ihnen (teure) Fehlgriffe ersparen.

So basteln Sie an Ihrem Expertenimage, geben Ihren Lesern gute Tipps mit auf den Weg und machen Ihr Blog zu einer wichtigen Anlaufstelle – für Stammleser wie für jene Nutzer, die nach dem rezensierten Produkt googeln.

Inhalte:

- Bücher und Magazine

- Infoprodukte

- Software

- Blogs und Webseiten

- Seminare und Veranstaltungen

- Erzeugnisse aller Art

Tipps:

- Ein Vorschlag für den Aufbau Ihres Posts: Erklären Sie zunächst das Produkt: Wozu dient es, wozu wird es eingesetzt? Welche Eigenschaften und Funktionen hat es? Was waren Ihre Erfahrungen mit dem Produkt? Wie lautet Ihr zusammenfassendes Urteil? Würden Sie das Erzeugnis empfehlen? Mit welchen Einschränkungen?

- Testen und beurteilen Sie Produkte, die Ihre Leistungen ergänzen. Rezensieren Sie also zum Beispiel Zeitmanagement-Bücher, wenn Sie als Businesscoach arbeiten. Oder stellen Sie Kochbücher vor, wenn Sie Küchengeräte erzeugen.

- Berichten Sie über Alternativen zu einem Produkt oder einem Service (alternative Modelle, Hersteller, Verkaufsstellen ...).

- Zeigen Sie dem Anwender, wie er das meiste aus einem Gerät, einem Programm etc. herausholen kann. Geben Sie ihm kleine Tricks und Kniffe mit auf den Weg.

- Leser wollen Expertenmeinungen. Sie sollten das Produkt also bestens kennen.

Listen

Ein leicht verdauliches Format.

Listen gehören zu den beliebtesten Artikelformaten: Sie sind verhältnismäßig schnell und einfach zu schreiben und sehr leserfreundlich – die Besucher können sie leicht erfassen und rasch verdauen.

Die einzelnen Punkte sind meist sehr kurz gehalten, umfassen oft nur ein Stichwort oder einen Satz und stehen für sich alleine. Sie müssen also nicht über den dramaturgischen Aufbau oder die logische Abfolge nachdenken – das spart Zeit.

Also: Machen Sie sich ans Brainstorming, lassen Sie die Ideen fließen und wählen Sie die informativsten und nützlichsten Punkte aus.

Tipps:

- Gestalten Sie den Titel nach dem folgenden Muster: „33 Tipps fürs Flirten". Warum? Wenn Sie mit Zahlen arbeiten, weiß der Leser, was ihn erwartet. Er kann Länge und Informationsgehalt des Blogposts ungefähr abschätzen und freut sich auf leicht verdauliche Infohäppchen. Kurz: Der Leser weiß, was kommt. Und das macht dieses Artikelformat so sexy.

- Veröffentlichen Sie hin und wieder „Mega-Listen", also Blogposts mit 70, 90 oder mehr Punkten. So schaffen Sie „Evergreen"-Artikel, von denen Sie auch noch in Jahren profitieren. Und natürlich werden solche Riesensammlungen auch gerne verlinkt und weiterempfohlen.

- Greifen Sie Listen von anderen Bloggern auf und ergänzen Sie sie mit eigenen Punkten. So profitieren Sie von der Bekanntheit der ursprünglichen Aufstellung und bieten Ihren Besuchern Mehrwert. Fragen Sie aber den anderen Blogger um Erlaubnis – und vielleicht verlinkt dieser dann Ihre Ergänzungen auf seinem eigenen Blog.

- Viele der Listeneinträge können Sie später zu einem ausführlichen Blogpost ausbauen.

- Starten Sie mit den stärksten Inhalten: Wenn die ersten Listenpunkte blass und nichtssagend sind, steigen die Leser schneller aus, als Ihnen lieb ist.

- Nummerieren Sie die einzelnen Punkte, gliedern Sie sie thematisch.

Beispiele:

- Die 20 reichsten Blogger der USA

- 99 Ideen für originelle Geburtstagstorten

- In 10 Schritten zum perfekten Fachartikel

Formate mit hohem Aufwand

Kunden im Fokus

Alles über Ihre Kunden.

Diese Strategie hat zwei Seiten: Wenn Sie über Kunden berichten, zeigt das, dass Sie sich um Ihre Abnehmer kümmern, dass Sie sie ernst nehmen und Ihnen klar ist, dass es Sie ohne Kunden nicht gäbe. Sie präsentieren sich sozusagen „volksnah" und in Griffweite. Vertrauen entsteht.

Der Nachteil: Bewusst oder unbewusst wählen Sie die pflegeleichten Kunden aus, jene, die mit Ihren Leistungen zufrieden sind und wenig auszusetzen haben. Es findet also eine Vorauswahl statt, die von Problemen ablenkt. Und das merkt der Leser.

Wie offen und mutig Sie hier ans Werk gehen, bleibt Ihnen überlassen.

Inhalte:

- Stellen Sie Stammkunden vor, Klienten, die Ihnen schon seit 10, 20 oder mehr Jahren die Treue halten.

- Besuchen Sie einen Kunden, drehen Sie ein Video, machen Sie ein kleines Portrait, zeigen Sie Ihre Produkte in Aktion.

- Portraitieren Sie Nutzer, die Ihre Produkte auf ungewöhnliche Weise verwenden oder aus ihnen echte Schmuckstücke gemacht haben – zum Beispiel durch eine originelle Lackierung.

- Berichten Sie über Anwender, die man auf den ersten Blick nicht in Ihrer Kundenliste vermuten würde. Zum Beispiel gemeinnützige Organisationen oder Unternehmen in exotischen Ländern.

- Lassen Sie Kunden erzählen, wie Ihr Produkt oder Service die tägliche Arbeit beeinflusst oder das Leben allgemein bereichert. Solche Anwendergeschichten punkten mit hoher Überzeugungskraft.

- Gewähren Sie einen Blick hinter die Kulissen. Erzählen Sie zum Beispiel, wie ein witterungsbedingtes Problem bei der Montage einer Windkraftanlage aufgetreten ist und wie Sie es gelöst haben.

- Lassen Sie Kunden zu Wort kommen, die Schwachstellen in Ihren Erzeugnissen entdeckt haben und zeigen Sie, wie Sie gemeinsam an der Produktverbesserung arbeiten.

- Laden Sie Blogbesucher zu einer exklusiven Betriebsführung ein und berichten Sie darüber.

- Stellen Sie Fragen: Was würden Kunden an Ihren Produkten verbessern? Wo lässt sich der Service optimieren? Gibt es Lücken in der Angebotspalette?

Lieferanten im Fokus

Alles über Ihre Lieferanten.

Für erfolgreiche Produkte braucht es nicht nur Ihr Können, sondern auch das Fachwissen und das Talent Ihrer Lieferanten. Auch bei der Produktentwicklung arbeiten Hersteller und Zulieferer oft eng zusammen. Grund genug, ihnen den einen oder anderen Blogartikel zu widmen.

Das freut nicht nur Ihre Lieferanten, sondern auch Ihre Leser. Denn diese erkennen, was alles hinter Ihrem köstlichen Tiefkühlgebäck, Ihren unverwüstlichen Lederschuhen oder Ihren edlen Küchen steckt.

Vorteile:

- Sie vertiefen die Bindung zu Ihren Lieferanten.

- Sie machen den Arbeits- und Herstellungsprozess transparenter und werten dadurch Ihr Angebot auf.

- Sie zeigen, wie viel Arbeit und Knowhow in jeder Wertschöpfungsstufe steckt. Das erhöht die Wertschätzung Ihrer Produkte.

- Die Reputation der Lieferanten färbt auf Sie ab.

Inhalte:

- Führen Sie ein Interview. Wenn Sie zum Beispiel Ihre eBooks selbst verlegen, fragen Sie doch mal Ihren Grafiker, worauf es bei guten eBook-Covern ankommt.

- Berichten Sie direkt aus Ihren Zulieferunternehmen. Zeigen Sie, wo die Kräuter für Ihre Fertiggerichte angebaut werden, wie die Kunststoffteile für Ihre Verpackungen geformt werden oder wie das Papier für Ihre handgefertigten Notizbücher entsteht.

- Arbeiten Sie zusammen. Veranstalten Sie gemeinsam mit Ihrem Lieferanten einen Workshop, ein Quiz oder ein Gewinnspiel und kündigen Sie dies auf Ihrem Blog an.

- Portraitieren Sie einen Lieferanten. Wenn Sie zum Beispiel Käse herstellen, dann gestalten Sie doch mal ein Portrait eines Ihrer Milchbauern. Mit Text, Bild und/oder Ton.

- Machen Sie ein Interview-Roundup oder eine Gesprächsrunde, die Sie dann als MP3 oder Video veröffentlichen. Befragen Sie ausgewählte Lieferanten zu den Entwicklungen in der Branche, zu neuen Trends und deren Folgen für die Endkunden.

Kritische Artikel

Sagen Sie Ihre Meinung.

Das Internet lebt von unterschiedlichen Meinungen, widersprüchlichen Ansichten und lebhaften Auseinandersetzungen. Mit einem wohl formulierten kritischen Blogartikel führen Sie diese Tradition fort – zum Beispiel, wenn Sie eine anerkannte Autorität Ihres Gebietes kritisieren und alternative Perspektiven oder Handlungsmöglichkeiten präsentieren.

Zeigen Sie beispielsweise, was ein führender Experte in seinem neuesten Buch übersehen oder falsch interpretiert hat, welche strategischen Fehler ein bekannter Unternehmer bei der Repositionierung seines Betriebes gemacht hat oder warum Sie mit seiner Art der Argumentation nicht einverstanden sind.

Ihre Leser werden es schätzen, wenn Sie fair und objektiv schreiben. Sie beweisen damit, dass Sie ausgewogen argumentieren können und einer Auseinandersetzung mit Autoritäten nicht aus dem Weg gehen.

Tipps:

- Streiten Sie nicht um des Streitens willen. Bleiben Sie sachlich, fair und respektvoll. Bauen Sie auf gute Argumente, nicht auf verbale Untergriffe.

- Achten Sie auf den feinen Unterschied zwischen „Kritisieren" und „Attackieren".

- Prüfen Sie die eigenen Argumente doppelt und dreifach und bieten Sie so wenig Angriffsfläche wie möglich.

- Verlinken Sie auf die Webseiten/Bücher/Artikel der kritisierten Person.

- Lassen Sie Ihren Artikel – wenn möglich von mehreren Personen – gegenlesen, schreiben Sie ihn nicht, wenn Sie aufgebracht oder verärgert sind und lassen Sie ihn einige Tage ruhen.

- Stellen Sie sich auf scharfen Gegenwind ein.

Beispiele:

- 5 Gründe, warum Angelika Merkels Europapolitik ins Aus führt

- Die 7 schwächsten Argumente in Sarazzins Buch „Deutschland schafft sich ab"

- Warum Karl Theodor zu Guttenberg besser in den USA bleiben sollte

Ein Tag im Leben von ...

Bieten Sie Einblicke.

Was macht eigentlich Ihr Chef den ganzen Tag? Wie sehen Ihre Abläufe als arbeitende Mutter im Home Office aus? Was treibt der Marketingleiter, der Schichtführer oder der Börsenbroker?

Begleiten Sie sie doch mal für einen Tag. Oder lassen Sie sie selbst berichten.

Besonders, wenn Sie für ein größeres Unternehmen bloggen, können Sie so Ihren Lesern viele interessante Einblicke bieten. Sie zeigen, wie in Ihrem Betrieb gearbeitet wird, beseitigen Vorurteile und machen Ihre Firma greifbar.

Nutzen Sie verschiedene Medien – Fotos, Audio, Video – und verschiedene Formate: Erzählungen in der Ich-Form, sachliche Berichte, Interviews usw.

Das Ergebnis: lebendige Geschichten, Einblicke in Berufe, die spannender, exotischer oder auch unglamouröser sind, als viele Leser vermuten.

Inhalte:

- Sie selbst
- Ihr Chef
- Ihre Kollegen in der Firma
- Bloggerkollegen

Tipps:

- Wenn Sie bloggender Freiberufler sind: Rufen Sie eine Blogparade ins Leben – bitten Sie Ihre Bloggerkollegen um Einblicke in deren Arbeitsalltag. So kristallisieren sich interessante Gemeinsamkeiten und Unterschiede in den Arbeits- und Lebensmustern Ihrer Branche heraus.

- Wenn Sie für ein Unternehmen bloggen: Überlegen Sie, wie Sie diese Artikel für Ihr Arbeitgeber-Marketing (Employer Branding) verwenden können (zum Beispiel auf den entsprechenden Abschnitten Ihrer Website, multimedial aufbereitet auf Karrieremessen etc.). Und natürlich sind solche Dokumente auch ein Fall fürs Firmenarchiv.

Projekttagebuch

Live dabei bei Ihrem Experiment.

Sie planen ein Projekt? Ein Vorhaben, das neu für Sie ist, das Sie fasziniert und von dem Sie sich viel versprechen?

Dann nehmen Sie doch Ihre Leser mit auf die Reise: von der ersten Idee über die Planung bis zur Durchführung.

So bieten Sie Ihren Lesern eine spannende „Dokusoap" auf Ihrem Blog und lassen sie hautnah an Höhepunkten und Herausforderungen teilhaben. Das ist Lernen am lebenden Objekt.

Gleichzeitig können Sie sich natürlich auch Unterstützung von Ihrer Leserschaft erwarten – der eine oder andere kann Ihnen sicher wertvolle Tipps geben oder weiterhelfen, wenn's mal hakt.

Enthalten Sie den Leser auch nicht das Resultat Ihres Projekts oder Experiments vor. Resümieren Sie über den Ablauf, posten Sie Tabellen, Statistiken, Grafiken, teilen Sie das Ergebnis mit.

Mit einem solchen Projekttagebuch erhöhen Sie die Leserbindung – wie bei einer TV-Serie erwartet das Publikum schon ungeduldig die nächste Folge.

Und vielleicht finden Sie auch Gleichgesinnte, die ihrerseits ein ähnliches Projekt starten. So können Sie untereinander Erfahrungen austauschen und sich motivieren.

Inhalte:

- Sie erstellen Ihr erstes Infoprodukt.

- Sie beginnen mit einem Roman.

- Sie wandern nach Kanada aus.

- Sie bauen ein Blog zu einem Nischenthema auf.

- Sie starten ein Diversity-Projekt in Ihrem Unternehmen.

Tipp:

Denken Sie schon beim Schreiben der einzelnen Artikel darüber nach, wie Sie die gesammelten Infos weiterverwerten können – zum Beispiel als eBook. Bauen Sie die Blogartikel so auf, dass Sie sie schnell und einfach in ein anderes Medium überführen können.

Hinter den Kulissen

Was spielt sich im Hintergrund ab?

Fügen Sie dem Bild, das Blogleser, Kunden und Öffentlichkeit von Ihnen haben, eine neue Dimension hinzu: Bieten Sie Einblicke in Ihre Arbeitsumgebung, in Ihre Produktionsbereiche, in alltägliche Abläufe. Machen Sie sich bzw. Ihr Unternehmen zum Mittelpunkt spannender, kleiner Reportagen – ob in Schrift, Bild oder Ton.

So machen Sie Ihre Tätigkeit bzw. Ihr Unternehmen greifbarer, rücken interessante, aber normalerweise nicht nach außen kommunizierte Abläufe in den Vordergrund und bringen auch Ihre Mitarbeiter besser zur Geltung.

Inhalte:

- Making of's (zum Beispiel das Drehen eines Werbespots oder das Fotografieren einer Kampagne, die Vorbereitungen für eine wichtige Firmenkonferenz, der Aufbau eines Messestands etc.)

- Bilder vom Firmenpicknick

- eine Fotoreportage über die Gewinnung Ihrer Rohstoffe

- eine Videoreportage über das Aufstellen einer großen Anlage in Ihrer Produktion (zum Beispiel einer Druckmaschine)

- Fotos von Ihrem Büro

- Einblicke in einen Workshop

- die Entstehung eines Produkts (zum Beispiel vom Entwurf über das Schnittmuster bis zum fertigen Blazer)

- Entwürfe (zum Beispiel von Logos oder Cartoon-Figuren)

- Mind Maps (die zum Beispiel beim Planen eines Romans entstehen)

- eine Fototour durch die verschiedenen Abteilungen Ihres Unternehmens (eignet sich auch gut als Artikelserie)

Portraits

Menschen im Fokus.

Bringen Sie den Leser sich und Ihre Firma näher, berichten Sie über die Menschen im Unternehmen. So stellen Sie eine persönliche Ebene her, eine Verbindung von Mensch zu Mensch. Und die ist wichtig. Denn wie heißt es so schön: „Geschäfte macht man mit Menschen, nicht mit Unternehmen."

Wählen Sie aus unterschiedlichen Medien und Formaten, überlegen Sie sich ungewöhnliche Herangehensweisen, kitzeln Sie die interessantesten und überraschendsten Facetten Ihres Gegenübers heraus.

Inhalte:

- Sie selbst
- Ihr Chef
- Ihre Mitarbeiter und Kollegen
- pensionierte Mitarbeiter
- Praktikanten und Azubis
- ein Mensch, der Sie stark beeinflusst hat
- ein Mentor
- eine historische Figur, die Sie beeindruckt

Tipps:

- Führen Sie ein Interview via Email oder als persönliches Gespräch.
- Portraitieren Sie mit Fotoapparat oder Videokamera.
- Lassen Sie den Protagonisten seinen Lebensweg aufzeichnen oder als Collage gestalten.

Vergleiche

Machen Sie eine Gegenüberstellung.

Ob Sie als Webdesigner tätig sind, als Landschaftsarchitekt oder Beziehungscoach: In jeder Branche gibt es ein Sammelsurium an Vorgehensweisen, Literatur, Ausbildungswegen, Produkten usw.

Und oft genug fehlt Ihren Lesern und Kunden der Überblick über die verschiedenen Alternativen – und vor allem auch objektive Vergleiche.

Mit einem Artikel, der zwei oder mehrere Alternativen nach relevanten Kriterien vergleicht, bieten Sie Ihren Lesern und Kunden einen nützlichen Überblick und vor allem eine wertvolle Orientierungs- und Entscheidungshilfe.

Inhalte:

- Bücher

- Magazine

- Software

- Unternehmen

- Urlaubsziele

- Methoden

- Sichtweisen

- Filme

- Argumente

- Ausbildungsarten

- Energielösungen

- Prognosen

- Wirtschafts-, Steuer- und Rechtssysteme

Evergreen-Artikel

Ein Immergrün für Ihr Blog.

Evergreen-Artikel („Pillar-Artikel") – das sind jene zeitlosen und ausführlichen Blogartikel, die ein Thema detailliert behandeln und echten Nutzen für den Leser stiften. Also zum Beispiel Tutorials, Anleitungen, Checklisten oder lehrreiche Interviews mit Experten.

Warum sind solche Pillar-Artikel wichtig? Sie bilden das Fundament Ihres Blogs und bieten dem Leser wertvolle Informationen, auf die er immer wieder zurückgreifen kann. Hier geht es nicht um flüchtige Neuigkeiten oder persönliche Meinungen, sondern um solides, umsetzbares Wissen. Um echten Mehrwert also. Und der wiederum stärkt Ihr Image und das Ihres Blogs.

Überlegen Sie sich also ganz bewusst, mit welchen Themen und Artikelformaten Sie einen „Dauerbrenner" gestalten können – einen Artikel, der Ihnen auch in fünf Jahren noch neue Leser bringt.

Vorteile:

- Ein Evergreen-Artikel bleibt für lange Zeit aktuell und benötigt höchstens minimale Auffrischungen. Er wird im Optimalfall zu einer Referenz, zu einem kleinen „Standardwerk" in seinem Themengebiet – und das wiederum färbt positiv auf Ihre Reputation ab.

- Pillar-Blogposts decken meist eher allgemeine Themen ab und sind daher für viele Blogleser interessant. Oft geht es hier um Einsteiger-Themen, um How-to-Anleitungen.

- Da Evergreen-Artikel gerne verlinkt werden, werden sie auch von den Suchmaschinen als wertvoll eingestuft und das bringt Ihren Artikel rasch in die vorderen Suchergebnisse. So zieht Ihr Post über lange Zeit Nutzer an, die nach den entsprechenden Schlüsselwörtern googeln – auch wenn er längst im Blogarchiv verschwunden ist.

- Evergreen-Artikel werden gerne über Twitter, Facebook & Co weiterempfohlen, verlinkt, von anderen Bloggern aufgegriffen und diskutiert. Und das nicht nur kurzfristig, sondern immer wieder. Denn: Wer twittert oder bloggt, ist immer auf der Suche nach empfehlenswerten Inhalten – deswegen setzen Sie mit Ihrem Pillar-Blogpost eine positive Empfehlungsspirale in Gang.

Tipp:

Informative Evergreen-Artikel können Sie auch abseits Ihres Blogs verwerten: Stellen Sie ein paar Ihrer Pillar-Posts zusammen und gestalten Sie daraus ein informatives eBook, das Sie zum Beispiel in der Verkaufsanbahnung einsetzen oder als Begrüßungsgeschenk für neue Newsletter-Abonnenten.

Mission Statement

Bekennen Sie Farbe.

Philosophie, Leitbild, Vision – viele Unternehmen halten auf ihrer Website fest, was sie ausmacht, was sie antreibt, wo sie hinwollen.

Und so ein Mission Statement eignet sich auch für Ihr Blog. Warum?

Ein klares, realitätsnahes und substanzhaltiges Leitbild kann Orientierung und Zusammenhalt schaffen – und solche Leitbilder sind dann auch für jene Leser interessant, die sich auf dem Blog einen ersten Eindruck von Ihnen verschaffen und in einem zweiten Schritt erfahren möchten, wie Sie zu Ihren Mitarbeitern, Lieferanten und Kunden stehen, nach welchen Prinzipien Sie handeln und nach welchen Zielen Sie streben.

Mit einem Leitbild werden Sie für Ihre Leser und potenziellen Kunden greifbarer, Sie lassen sich besser einschätzen und werden für Ihren Standpunkt respektiert.

Tipps:

- Dreschen Sie keine hohlen Phrasen, seien Sie ehrlich, leidenschaftlich und konkret. Langweilen Sie die Leser nicht mit substanzlosen Worthülsen à la *Unser Ziel ist es, der wichtigste Ansprechpartner in unserer Branche zu werden. Dafür setzen wir uns für ein Höchstmaß an Qualität und Effizienz sowohl im internen als auch im externen Kommunizieren und Handeln ein. So gewährleisten wir tragfähige Beziehungen und ein überdurchschnittliches Maß an Kundennähe über alle Kontinente hinweg.*

- Beantworten Sie als bloggender Freiberufler oder Experte folgende Fragen: Wofür stehen Sie? Wonach streben Sie? Welche Werte verkörpern Sie? Welche Werte schätzen Sie bei Ihren Kunden? Wofür setzen Sie sich ein? Was ist Ihnen bei Ihrer Arbeit am wichtigsten? Was unterscheidet Sie von anderen Anbietern?

- Bei mittleren und größeren Unternehmen ist das Leitbild meist schon formuliert. Allerdings können Sie in einem Blogartikel beispielhaft anführen, wie Sie die einzelnen Leitbildaspekte in der täglichen Arbeit umsetzen. Oder Sie laden Kunden und Mitarbeiter ein, über Ihr Mission Statement zu diskutieren.

Fallstudien

Aus dem Leben gegriffen.

Mit Fallstudien beweisen Sie Ihr Können quasi „am lebenden Objekt" – und zwar glaubwürdig und mit nachprüfbaren Fakten. Deshalb gehören Fallstudien zu den stärksten Zeugnissen Ihrer Leistungsfähigkeit. Sie zeigen, wie Sie ein (komplexes) Kundenproblem erkannt, bearbeitet und gelöst haben – das ist Referenzmarketing vom Feinsten.

Schildern Sie kurz die Ausgangssituation beim Kunden, Ihre Vorgangsweise und das Ergebnis. So erfährt der Blogleser, wie Sie arbeiten und mit welchen Ergebnissen zu rechnen ist.

Tipps:

- Beschreiben Sie zunächst das Kundenproblem, und zwar so, dass sich auch Ihre Leser mit diesem Problem identifizieren können.

- Als nächstes zeigen Sie, wie Sie bei der Problemlösung vorgegangen sind und warum Sie bestimmte Methoden gewählt haben. Konzentrieren Sie sich auf das Hauptproblem; verzetteln Sie sich nicht mit Nebenschauplätzen.

- Erläutern Sie abschließend das Ergebnis und konzentrieren Sie sich dabei auf den Kundennutzen, also auf Einsparungen, Verbesserungen usw. Untermauern Sie die Ergebnisse mit Zahlen und quantitativen Vergleichen, mit Grafiken und Tabellen. So können Sie übrigens auch darstellen, wie schnell sich der Preis für Ihre Leistung amortisiert.

- Auch wenn sich die Fallstudie mit technischen Problemen beschäftigt: Schreiben Sie einfach, leicht verständlich und unterhaltsam.

- Bei der Detailgenauigkeit ist Fingerspitzengefühl gefragt. Die Fallstudie soll nicht oberflächlich und beliebig wirken; der Leser soll nicht das Gefühl haben, dass ihm die eigentlich wichtigen

Projektinfos vorenthalten werden. Andererseits sollten Sie auch nicht all zu sehr ins Detail gehen – die Fallstudie ist schließlich eine Probe Ihres Könnens und kein Projektprotokoll.

- Lassen Sie auch den Kunden zu Wort kommen. Seine Aussagen lockern nicht nur den Text auf, sondern machen die Fallstudien noch ein Stück echter, realer und glaubwürdiger.

- Gehen Sie unbedingt auf Nummer sicher und holen Sie sich die Veröffentlichungs-Erlaubnis von Ihrem Referenzkunden. Schließlich soll er nicht plötzlich delikate und nicht für die Öffentlichkeit bestimmte Projektdetails auf Ihrem Blog wiederfinden.

- Verwerten Sie die Fallstudie mehrfach: auf der Webseite, als Handout bei Seminaren, Messen oder Verkaufsgesprächen, als Inhalt für Newsletter und Social Media usw. Nicht zu vergessen die multimediale Aufbereitung als Podcast oder Video.

Tipp:

Eine ausführliche Anleitung zum Planen, Erstellen und Verwerten von Fallstudien finden Sie in meinem Ratgeber „Kunden gewinnen mit Fallstudien".

Glossar

Ihr eigenes kleines Lexikon.

Ein Glossar ist – laut Wikipedia – eine „Liste von Wörtern mit beigefügten Erklärungen oder Übersetzungen". Es handelt sich also um eine Sammlung von erklärungsbedürftigen Begriffen, eine leicht verständliche, knappe Erläuterung von Fachtermini.

Und ein solches Glossar eignet sich auch als Blogpost.

Überlegen Sie sich, welche Wörter (immer noch) Fragezeichen bei Ihren Kunden verursachen, welche Begriffe unklar sind oder oft falsch verwendet oder verwechselt werden. Welche Wörter müssen Sie bei Kundengesprächen oder Anfragen stets aufs Neue erläutern?

Ein Glossar ist natürlich besonders bei jungen Branchen sinnvoll und nützlich. Zum Beispiel weiß nicht jeder, was „DRM" oder „EPUB" in Zusammenhang mit eBooks bedeutet.

Vorteile:

- Ihr Glossar kann sich zu einer Referenzseite in Ihrem Fachgebiet entwickeln – und wird daher Anlaufstelle für viele alte und neue Leser.

- Mit einem Glossar fügen Sie relevante Schlüsselwörter zu Ihrem Blog hinzu.

- Die erläuterten Begriffe lassen sich intern verlinken.

- So unterstützt Sie ein Glossar bei der Suchmaschinenoptimierung.

- Das Glossar können Sie mehrfach verwerten, zum Beispiel auf Ihrer Webseite oder in Ihren Verkaufsunterlagen. Stellen Sie es auch als PDF zum einfachen Download zur Verfügung (Kontaktdaten nicht vergessen!).

Tipp:

Sie können auch einzelne Begriffe wählen und sie – ähnlich wie auf Wikipedia – ausführlich erläutern. So sprechen Sie vor allem Neulinge an, die sich über einfache, allgemein verständliche Erklärungen freuen.

Infografiken

Bilder sprechen lassen.

Infografiken sind trendy – aus gutem Grund: Mit einer Infografik veranschaulichen Sie komplexe Zusammenhänge und Prozesse, können Vergleiche anstellen und Geschichten erzählen. Sie können eine Botschaft illustrieren und ihr damit mehr Gewicht verleihen. Und außerdem sehen Infografiken einfach cool aus.

Der Nachteil: Solche Visualisierungen brauchen viel Zeit – sowohl für die Recherche der zugrundeliegenden Fakten als auch für die Erstellung.

Idealerweise beauftragen Sie einen Profi, der sich mit Infografiken auskennt. Es gibt aber auch eine Reihe von Werkzeugen, mit denen selbst Laien ansehnliche Illustrationen hinbekommen.

Vorteile:

- Eine gut gemachte, leicht verständliche Infografik spart Ihren Lesern Zeit und entspricht den verkürzten Aufmerksamkeitsspannen.

- Ein Bild sagt nun mal mehr als tausend Worte: Abstrakte Ideen werden greifbarer, die Bedeutung von Zahlen und Statistiken erschließt sich rascher.

- Infografiken sind ein relativ neuer Trend – deshalb ziehen sie viele Besucher auf Ihr Blog und werden gerne weiterempfohlen bzw. verlinkt.

- Infografiken wecken die Neugier der Besucher und binden auch jene Leser, die zufällig vorbeisurfen.

- Und sie lassen sich auch mehrfach verwerten: in Broschüren, auf Webseiten, bei Messeauftritten etc.

Inhalte:

- Abläufe, Anwendungen, Anleitungen
- Statistiken
- zeitliche Entwicklungen
- Entscheidungsbäume
- Landkarten, Stadtpläne
- technische Produkte

Tutorials

Geben Sie Anleitung.

„How to"-Artikel gehören zu den dankbarsten Formaten. Sie sind zwar etwas aufwändiger in der Erstellung, bringen aber Ihren Lesern echten Nutzen und werden entsprechend gern und oft weiterverlinkt.

Außerdem eignen sie sich für jede Branche – überall gibt es Fragen, Hürden, Probleme, die Sie mit einem gut strukturierten, ausführlichen Tutorial aus dem Weg schaffen können.

Vorteile:

- Gut gemachte Tutorials ziehen über lange Zeit viel Aufmerksamkeit auf sich – von Lesern wie von Suchmaschinen („Evergreen-Artikel").
- Sie als Autor gewinnen ein Image als hilfsbereiter Experte.
- Tutorials können Sie profitabel wiederverwerten (etwa als eBook oder in Seminaren).

Tipps:

- Wählen Sie Ihr Thema: Was fällt Ihnen besonders leicht, während es für Anfänger ein spanisches Dorf darstellt? Wo haben Sie sich anfangs schwer getan? Das kann ein fachliches Thema ebenso sein wie etwas, das mit Soft Skills (etwa Preisverhandlungen) zusammenhängt.
- Leiten Sie Ihre Leser an, Schritt für Schritt, leicht verständlich, ohne Technikjargon.
- Denken Sie darüber nach, wie Sie Ihre Ausführungen mit (Info)Grafiken, Videos etc. nachvollziehbarer machen.
- Bereiten Sie ein Thema für unterschiedliche Zielgruppen auf – zum Beispiel einmal für Anfänger und einmal für Fortgeschrittene.

- Prüfen Sie, wie Sie Ihre Problemlösungs-Artikel als Tutorials aufbereiten können – etwa, indem Sie Details einbauen oder eine klarere Schritt-für-Schritt-Abfolge gestalten.

Beispiele:

- So pflanzen Sie einen Baum in 5 einfachen Schritten
- Wie Sie ein eBook in 30 Tagen schreiben
- So erstellen Sie einen Marketingplan für Ihr Sachbuch

Serien

Eins nach dem anderen.

Manche Themen lassen sich nicht in einem kurzen Blogpost abhandeln, sondern sind in einem Serienformat am besten aufgehoben. So können Sie zentrale Bereiche Ihrer Branche tief und breit erläutern, auch weniger wichtige Aspekte berücksichtigen und damit ein umfassendes Bild schaffen.

Vorteile:

- Sie müssen nicht für jeden Post eine neue Idee entwickeln und recherchieren, sondern zehren mehrere Artikel lang von einem Thema.

- Serienartikel sind (meist) „Evergreen"-Artikel. Das heißt für Sie: Leserzugriffe über lange Zeiträume, viele Verlinkungen und Weiterempfehlungen.

- Serien lassen die Leser wiederkommen – sie sind gespannt auf den nächsten Artikel.

- Die zeitlichen Abstände zwischen den einzelnen Posts können Sie frei wählen. So lässt sich dieses Artikelformat gut planen und überbrückt auch Flautephasen in Ihrem Blog.

- Serien können sich zu anerkannten Referenzartikeln entwickeln – perfekt für Ihr Image.

- Und natürlich lassen sie sich auch mehrfach nutzen (für Bücher, Seminare etc.).

Tipps:

- Notieren Sie sich zunächst alle Stichworte, die Ihnen zum Thema einfallen und bringen Sie sie dann in eine logische und hierarchische Reihenfolge. So erhalten Sie ein Inhaltsgerüst, das Sie nach und nach auffüllen.

- Ein Teaser am Ende jedes Posts macht neugierig auf den nächsten Teil.

- Verlinken Sie in jedem Artikel auf die vorhergehenden und folgenden Posts. So erhalten auch Quereinsteiger einen lückenlosen Überblick über die Serie. Außerdem verweilen die Leser dann länger auf Ihrem Blog – sie klicken sich von Post zu Post.

- Oder Sie erstellen eine extra Seite: kurze Einleitung und dann die Links zu allen Folgen. Diese Seite können Sie in Ihrem Blog prominent im Menü verankern; verlinken Sie auf sie, wenn Sie zukünftig auf Ihre Serie verweisen wollen.

- Schließen Sie die Serie mit einer Zusammenfassung bzw. einem kurzen Rückblick ab und laden Sie die Leser zum Kommentieren ein.

- In Sachen Ideenfindung: Vielleicht finden Sie ja in Ihrem Blogarchiv ein Thema, das sich zu einer Serie ausbauen lässt.

Audio-Artikel

Stimmen hören.

Mit Hördateien bringen Sie nicht nur Abwechslung in Ihr Blog, sondern erreichen vor allem auch jene Leser, die akustische Informationen bevorzugen. Schließlich kämpft sich nicht jeder gerne durch reine Textartikel.

Die Blogleser hören Ihre Stimme, erfahren, ob Sie schnell oder langsam, laut oder leise sprechen und können sich so ein besseres Bild von Ihnen machen.

Vor allem in Bereichen, wo es auf die zwischenmenschliche Chemie ankommt – beispielsweise in der Beratungsbranche – können Sie mit Hördateien ein erstes Vertrauen aufbauen. So nehmen potenzielle Kunden leichter und schneller Kontakt mit Ihnen auf.

Inhalte:

- Interviews: Sie sprechen mit Ihrem Gegenüber via Telefon, Skype etc., zeichnen die Unterhaltung auf und veröffentlichen sie als MP3 auf Ihrem Blog.

- Gespräche: Dabei zeichnen Sie ein Gespräch von drei oder mehr Teilnehmern auf. Meist sind dies Diskussionen unter Experten, die sich um eine bestimmte Frage drehen.

- Podcasts: Erstellen Sie eine zusammenhängende Serie von MP3s – etwa zum Thema Neukundengewinnung oder Gartengestaltung. Veröffentlichen Sie die einzelnen Episoden in regelmäßigen Abständen; bauen Sie sich eine Stammhörerschaft auf.

- Mitschnitte: Zeichnen Sie Vorträge, Seminare etc. auf und stellen Sie sie Ihren Lesern als Hördatei zur Verfügung.

Tipps:

- Fassen Sie die wichtigsten Inhalte und Aussagen Ihrer Hördatei schriftlich zusammen. So erhält der Blogbesucher einen schnellen Überblick und kann entscheiden, ob er sich das (lange) MP3 anhören will oder nicht. Am hilfreichsten ist natürlich eine komplette Abschrift.

- Machen Sie Ihr Podcast bekannt und reichen Sie ihn bei verschiedenen Verzeichnissen ein, wie zum Beispiel www.podcast.de oder bei Apple iTunes.

Video-Artikel

Bewegte Bilder.

Mit Videos erweitern Sie Ihr Blog um eine völlig neue Dimension. Sie bringen bewegte Bilder ins Spiel und sprechen Ihre Leser auf mehreren Kanälen an.

Das Ergebnis: Sie werden greifbarer; die Blogbesucher hören Ihre Stimme, sehen Ihre Mimik, Ihre Gesten. So wirken Sie mit der Zeit immer vertrauter und können mit Sympathie punkten. Ihr Image wird wirklichkeitsnäher, Ihre Marke erhält mehr Kontur. Und das wirkt sich auch positiv auf die Geschäfte aus.

Probieren Sie einfach verschiedene Video-Formate aus, experimentieren Sie. Und wenn Sie entdecken, dass Sie sich mit diesem Medium wohlfühlen, machen Sie Video-Artikel zu einer regelmäßigen Einrichtung auf Ihrem Blog.

Inhalte:

- Screencast: Hier zeichnen Sie auf, was sich gerade auf Ihrem Computerbildschirm tut. So können Sie Ihren Zusehern zum Beispiel zeigen, wie sie ein Foto bearbeiten oder ein Programm installieren. Sie selbst sind dabei nicht zu sehen.

- Präsentationsvideos: Sie erstellen zunächst eine Präsentation – zum Beispiel via Power Point – und referieren dann zu den einzelnen Slides. Auch hier hört der Zuseher nur Ihre Stimme.

- Talking Head Video: Das ist die einfachste Variante – Sie sprechen in die Kamera und referieren über ein bestimmtes Thema. Wichtig ist, dass Sie sich dabei wohlfühlen. Andernfalls überträgt sich Ihr Unbehagen auf den Zuschauer.

- Interviews: Sie reden mit Ihrem Gegenüber – im selben Raum, von Studio zu Studio, über Internet etc. Solche Videos sind für den Betrachter sehr attraktiv; sie haben etwas Unmittelbares und stellen eine gefühlte Nähe zu den Gesprächspartnern her.

- Mitschnitte: Lassen Sie sich filmen, während Sie zum Beispiel einen Vortrag halten. Je nach Qualität können Sie diese Videos nicht nur auf den Blog stellen, sondern auch als Infoprodukte verkaufen.

Tipps:

- Wenn Sie ein Tutorial oder ein Interview bringen, fassen Sie die wichtigsten Inhalte und Erkenntnisse schriftlich zusammen. So erhält der Blogbesucher einen schnellen Überblick und kann entscheiden, ob er sich das (lange) Video ansehen will oder nicht.

- Stellen Sie ein Video auf die Einstiegsseite Ihres Blogs. So erhalten neue Blogbesucher sofort einen (hoffentlich guten) Eindruck von Ihnen.

Noch mehr Tipps ...

Themen finden

Inhaltliche Inspirationen.

Als Blogger brennen Sie für Ihr Thema. Sie finden Ihr Metier spannend, faszinierend und entdecken immer wieder neue Facetten. Ihnen schwirren unzählige Ideen im Kopf herum und Sie können es gar nicht erwarten, sie auf Ihrem Blog zu veröffentlichen.

Theoretisch zumindest.

Die Praxis sieht oft so aus, dass die Anfangseuphorie des Bloggens schnell verfliegt. Die Top-Themen sind meist schnell abgehandelt. Und ehe man sich's versieht, wird aus Spaß harte Arbeit und es wird immer schwieriger, frische, originelle Sujets zu entdecken.

Damit Ihr Ideenfluss nicht versiegt, habe ich nützliche Inspirationsquellen für Sie zusammengestellt:

Durchforsten Sie Kommentare.

Lassen Sie sich von Lesermeinungen inspirieren. So bleiben Sie am Puls der Zeit und wählen solche Themen, die Ihre Zielgruppe wirklich interessieren. Stöbern Sie im eigenen Blog ebenso wie in den Blogs von Kollegen.

Analysieren Sie die Blogstatistik.

Finden Sie heraus, welche Artikel besonders oft aufgerufen wurden, welche Themen überdurchschnittlich gut ankommen – und liefern Sie Ihren Lesern mehr davon. Diese Trends lassen sich aber erst ab einer gewissen Bloggröße ablesen.

Besuchen Sie Foren.

Schauen Sie sich in den Foren Ihrer Branche um. Lesen Sie Beiträge, ermitteln Sie, welche Themen gerade brandaktuell sind, welche Fragen Ihre Zielgruppe beschäftigen.

Führen Sie ein Ideen-Tagebuch.

Machen Sie es wie Schriftsteller: Gewöhnen Sie sich an, Einfälle für neue Blogposts immer gleich zu notieren – sei es in ein kleines Büchlein, in eine Excel-Tabelle oder ins Handy.

Fragen Sie Amazon.

Geben Sie auf Amazon branchenrelevante Schlüsselwörter ein und klicken Sie sich durch die Suchergebnisse. Lassen Sie sich von den Buchtiteln inspirieren, lesen Sie die Inhaltsverzeichnisse, entnehmen Sie den Bestsellerlisten die angesagtesten Themen.

Erweitern Sie Ihren Horizont.

Suchen Sie nicht nur in Ihrem eigenen Wirtschaftszweig nach Anregungen. Verfolgen Sie ebenso, was es in komplementären Branchen Neues gibt. Oder lassen Sie sich von völlig neuen Feldern wie Fotografie oder Videokunst inspirieren.

Verfolgen Sie Twitter.

Via Twitter erhalten Sie Inspirationen am laufenden Band. Lassen Sie sich einfach Ideen und Impulse frei Haus liefern.

Besuchen Sie andere Blogs.

Schauen Sie mal bei Ihren Bloggerkollegen (und deren Archiven) vorbei, auch bei den ausländischen. Lesen Sie, worüber diese berichten, greifen Sie aktuelle Themen auf, analysieren Sie, welche Argumente oder Perspektiven übersehen werden und widmen Sie diesen dann einen Artikel.

Sondieren Sie Ihren eigenen Blog.

Auch in Ihrem Blog finden Sie sicher genügend Anstöße für neue Posts: Ergebnisse von Umfragen; Tutorials, die aktualisiert werden müssen; Listen, aus denen Sie einzelne Punkte detaillierter beschreiben können; „Pro-Artikel", denen der „Contra-Part" fehlt etc.

Fragen Sie Ihre Leser.

Fragen Sie bei Ihren Besuchern nach: Worüber wünschen sie sich einen Artikel? Zu welchem Thema wäre ein ausführliches Tutorial angebracht? Welches Buch oder welches Produkt sollten Sie mal bewerten?

Fragen Sie Ihr Umfeld.

Erkundigen Sie sich bei Ihren Freunden, Kollegen, Mitarbeitern, über welches Thema sie gerne einen Artikel lesen würden.

Finden Sie Inspiration in Zitaten.

Zitate, Sprüche, Algorithmen – in ihnen findet sich viel Weisheit, Bauernschläue und oftmals auch Witz. Stöbern Sie in solchen Zitatesammlungen und entwickeln Sie eine Blogidee aus jenen Sprüchen, die Sie besonders berühren oder faszinieren.

Probieren Sie's mit Mind Mapping.

Zum Beispiel so: Schreiben Sie den Titel eines alten Blogartikels auf ein Stück Papier. Überlegen Sie, wie Sie diesen Artikel ergänzen oder erweitern könnten. Notieren Sie jede Idee, ziehen Sie einen Kreis drumherum und verbinden Sie sie mit der Ausgangsfrage.

Durchsuchen Sie Ihre Bookmarks.

Wahrscheinlich haben Sie zu Ihrem Themengebiet bereits jede Menge interessanter Blogs und Webseiten markiert – auch, wenn Sie davon nur wenige regelmäßig besuchen. Kramen Sie doch mal in Ihren Lesezeichen, vielleicht findet sich hier die eine oder andere Idee.

Beantworten Sie Fragen.

Greifen Sie die Fragen auf, die in den Leserkommentaren, via Email oder auch im persönlichen Gespräch gestellt werden. Geben Sie eine ausführliche Antwort in einem Blogpost – denn wahrscheinlich haben auch andere Besucher und Kunden dieselbe Frage.

Analysieren Sie Statistiken.

Besuchen Sie die Webseiten von Standesvertretung, Handelskammer, Wirtschaftsministerium etc. und holen Sie sich die neuesten Statistiken auf den Bildschirm. Daraus können Sie oft interessante Trends ersehen, die guten Stoff für einen Blogartikel abgeben.

Lassen Sie sich von Pressemeldungen inspirieren.

Es gibt zahllose Online-Plattformen, auf denen Pressemitteilungen zu allen möglichen Themen veröffentlicht werden. Tippen Sie einfach das gewünschte Stichwort ins Suchfeld ein und sehen Sie, was das Presseportal dazu an aktuellen Meldungen ausspuckt.

Nehmen Sie Offline-Medien zur Hand.

Zeitungen, Magazine, Publikationen von anderen Unternehmen oder Branchenvertretungen – auch hier finden sich genügend Ideen.

Werfen Sie einen Blick in Veranstaltungsprogramme.

Gehen Sie die Abläufe von Tagungen, Konferenzen, Workshops, Branchentreffen etc. durch. Dort finden Sie Themen, die aktuell sind, Ihre Branche bewegen und oft auch zukünftige Entwicklungen zum Inhalt haben.

Reden Sie mit einem Kind.

Unterhalten Sie sich mit Ihren Kindern, plaudern Sie – wenn sie schon größer sind – über Ihre Erlebnisse mit Kunden oder Ihren Job. Sie werden überrascht sein, wie originell und klug die Ansichten Ihrer Sprösslinge oft sind. So erhalten Sie neue Perspektiven, die Sie in einem Blogpost verarbeiten können.

Fragen Sie anderen Abteilungen.

Wenn Sie ein Unternehmensblog betreuen: Sprechen Sie mit Ihren Kollegen aus Vertrieb und Kundenservice. Diese haben das Ohr ganz nah am Kunden, wissen, was die Branche bewegt und kennen die häufigsten Fragen und Probleme der Anwender.

Entdecken Sie neue Online-Dienste.

XING, LinkedIn, StumbleUpon, SlideShare, Facebook, Youtube, Google+, Artikelverzeichnisse – stöbern Sie doch mal in einer Plattform oder in einem Netzwerk, in dem Sie sonst nicht anzutreffen sind. Auch hier finden Sie jede Menge aktuelle und spannende Themen.

Schreibblockaden auflösen

Damit es wieder fließt.

Kennen Sie das? Sie sitzen vor dem Bildschirm und sollten dringend einen neuen Blogartikel verfassen. Der Cursor blinkt, die Zeit drängt, Sie denken an die wartenden Leser, doch Ihnen fehlen einfach die Worte. Sie sind wie gelähmt – eine Schreibblockade hält Sie gefangen.

Aber dagegen können Sie etwas tun. Oft bringen schon ein paar Tricks und Kniffe die Gedanken wieder in Fluss und das Schreiben geht Ihnen wieder leichter von der Hand.

Betrachten Sie das Schreiben als Handwerk.

Ein Perspektivenwechsel nimmt den Druck: Betrachten Sie das Schreiben als Handwerk, nicht als Kunst. Denn wenn Sie einen Blogpost verfassen, müssen Sie nicht wie begnadeter Autor mit ausgeklügelten Metaphern jonglieren.

Sehen Sie sich einfach als Handwerker, der die Worte und Sätze ähnlich wie Ziegel und Mörtel zusammensetzt. Wenn Sie sich dabei auf die wichtigsten Handwerksregeln konzentrieren (z. B. Zeit- statt Hauptwörter, wenig Fremdwörter, eher kurze Sätze), erhalten Sie einen angenehm zu lesenden Text.

Seien Sie nicht zu hart mit sich.

Eine Schreibblockade entsteht oft aus übertriebenen Ansprüchen an sich selbst. Viele Menschen versuchen, schon bei der ersten Niederschrift einen eloquenten Text aufs Papier zu bringen.

Machen Sie's besser: Schreiben Sie einen ersten Entwurf, ohne sich zu zensieren. Und schalten Sie den kritischen Teil Ihres Gehirns erst dann ein, wenn er wirklich gebraucht wird: beim Überarbeiten des Rohtextes. Hier haben Sie genügend Zeit, Ihren Text mit frischen, spritzigen Wendungen anzureichern.

Machen Sie einen Redaktionsplan.

Gehören Sie zu jenen Menschen, die in einer strukturierten, durchgeplanten Arbeitsumgebung zur Höchstform auflaufen? Dann schaffen Sie auch für Ihr Blog eine solche Struktur.

Erstellen Sie einen Redaktionsplan, legen Sie die Themen, Gastautoren etc. schon zu Jahresbeginn fest. So sind die Inhalte von vornherein klar und Sie können sich an eindeutigen Terminen und Deadlines orientieren. Das schafft Sicherheit – und die brauchen manche Menschen einfach, um kreativ zu sein.

Schreiben Sie für einen lieben Menschen.

Manche Leute fühlen sich beim Schreiben blockiert, wenn sie an den Leser denken: Was werden meine Blogbesucher zu diesem Artikel sagen? Enthält er genügend neue Informationen? Werden sie meinen Blogpost kritisieren?

Solche Gedanken setzen Sie nur unnötig unter Druck. Denken Sie beim Schreiben lieber an einen guten Freund, der Ihnen wohlwollend zuhört. Erzählen Sie ihm in Gedanken von dem Buch, das Sie rezensieren wollen oder vom Thema Ihres Tutorials. Das lässt den Text leichter fließen – den Strukturen und Feinheiten können Sie sich dann beim Überarbeiten widmen.

Verändern Sie die Dimensionen.

Sie wollten eigentlich eine Riesenliste mit Tipps für mehr Besucher schreiben? Ihnen fallen aber grade nicht mehr als zehn Punkte ein? Dann lassen Sie's für heute gut sein.

Schreiben Sie einen kürzeren Artikel und arbeiten Sie dafür die Inhalte ein wenig detaillierter aus. Und wenn Sie wieder mehr Energie haben, nehmen Sie die X-Large-Variante in Angriff.

Tun Sie etwas Ungewöhnliches.

Wenn Sie gedanklich feststecken, verändern Sie etwas: Nehmen Sie Ihren Laptop und setzen Sie sich in den Park vor Ihrer Firma oder in die leere Kantine oder in die Besenkammer. Laufen Sie die Treppen ein paar Mal rauf und runter. Packen Sie Ihren

Schreibblock ein und genehmigen Sie sich eine Tasse Tee im neuen Café gegenüber.

Wenn Sie zu Hause arbeiten: Nehmen Sie eine Dusche oder ziehen Sie andere Kleidung an. Machen Sie einen kleinen Spaziergang, lösen Sie mathematische Aufgaben oder hören Sie Barockmusik. Beschäftigen Sie sich gedanklich mit etwas völlig Neuem: der Entwicklung von Schiffsschrauben, der Aufbereitung von Erdölsand oder vatikanischen Verschwörungstheorien.

So bringen Sie sich nicht nur auf andere Gedanken, sondern entspannen sich und stellen neue, kreative Verknüpfungen in Ihrem Gehirn her.

Finden Sie Ihre produktivsten Stunden.

Vielleicht haben Sie es sich angewöhnt, Ihre Blogposts am Abend zu schreiben, nach einem harten Tag voller Kundentermine, Besprechungen und kreativer Arbeit. Jetzt, nach Feierabend, haben Sie zwar Ihre Ruhe, sind aber schon zu ausgepowert.

Probieren Sie's doch mal anders rum: Stehen Sie eine Stunde früher auf und nutzen Sie Ihre geistige Frische für informative Blogposts. Suchen Sie nach Ideen, recherchieren Sie und schreiben Sie drauflos.

Reden Sie mit Ihrem „Inneren Kritiker".

Jeder von uns kennt sie – diese kritische innere Stimme, die unsere Handlungen sofort bewertet. Dieser „Innere Kritiker" ist für eine gewisse Qualitätskontrolle unumgänglich, blockiert uns aber oft bei kreativen Tätigkeiten.

Machen Sie sich diesen unsichtbaren Kritiker deshalb zum Freund. Danken Sie ihm in einem inneren Gespräch für seine Hilfe, aber weisen Sie ihn auch darauf hin, dass er Sie beim Schreiben hindert. Bitten Sie ihn um genügend Zeit für den ersten Entwurf und sichern Sie ihm zu, dass er Ihr Werk danach kritisieren darf. Auf diese Weise halten Sie Ihre innere kritische Stimme in Schach.

Nähern Sie sich von einer anderen Seite.

Das Thema steht, das Artikelformat ebenso – nur mit dem ersten Satz hapert's? Das kann daran liegen, dass die Einleitung zu den wichtigsten Teilen eines Blogposts gehört. Sie soll kurz umreißen, worum es geht, soll den Leser neugierig machen und in den Text hineinziehen. Das erfordert Grips.

Schalten Sie deshalb zunächst in einen anderen Modus um. Zeichnen Sie die Inhalte des Posts als Mind Map auf; sprechen Sie in ein Diktiergerät; stellen Sie sich vor, dass Sie eine Rede über Ihr Thema halten; starten Sie mit dem letzten Satz Ihres Artikels usw. So können Sie Ihre Blockade umgehen, die Gedanken kommen wieder in Fluss und die Einleitung können Sie auch ganz zum Schluss schreiben.

Sorgen Sie für Ruhe.

Hektik, störende Anrufe, herumwuselnde Kollegen, Emails am laufenden Band – in solchen Arbeitsumgebungen fällt die Konzentration oft schwer.

Vielleicht hilft es Ihnen, wenn Sie dieses „Umgebungsrauschen" einfach mal ausblenden. Nehmen Sie Ihren Laptop und verziehen Sie sich in ein ruhigeres Büro, benutzen Sie Ohrstöpsel, schließen Sie Ihr Email-Programm, leiten Sie Anrufe um, suchen Sie Stille.

Wechseln Sie das Thema.

Eigentlich wollten Sie Ihren Lesern Tipps geben, wie man mit schwierigen Kunden umgeht. Dabei hatten Sie ausgerechnet heute ein frustrierendes Telefonat mit einem nörgelnden, unzufriedenen Klienten. Da ist es nur verständlich, wenn Ihnen ein sachlicher, ausgewogener Blogpost schwerfällt und Sie momentan nichts mit diesem Thema zu tun haben möchten.

Suchen Sie sich einfach ein neues Thema, eines, das Sie auf neue Gedanken bringt.

... und wenn gar nichts mehr geht:

Wenn Ihre Schreibblockade nicht nur ein vorübergehender Zustand ist, sondern mit ernsteren Problemen wie Überarbeitung, Krankheit oder privaten Sorgen zusammenhängt: Legen Sie eine Blogpause ein.

Teilen Sie Ihren Lesern mit, dass in nächster Zeit keine neuen Artikel erscheinen werden. Bitten Sie um Verständnis und informieren Sie sie wenn möglich darüber, wann es wieder wie gewohnt weitergeht.

Und damit sich wenigstens ein bisschen was tut: Posten Sie alte Artikel neu (einfach das Veröffentlichungsdatum ändern) oder bitte Sie befreundete Blogger, Experten etc. um einen Gastartikel.

Checkliste für Blogartikel

Wenn Ihr Artikel fertig ist, heißt es: prüfen, optimieren, nochmals prüfen und erst dann veröffentlichen.

Diese Checkliste hilft Ihnen dabei:

Titel.

- Enthält er relevante Schlüsselwörter?

- Zeigt er den Nutzen für den Leser auf?

- Macht er neugierig, überrascht oder provoziert er?

- Transportiert er, worum es im Artikel geht?

Format.

- Lässt sich der Artikel leicht „scannen"?

- Enthält er Listen und Aufzählungen?

- Sind die Absätze kurz genug?

- Haben Sie Zwischenüberschriften eingebaut?

- Sind wichtige Begriffe/Schlüsselwörter hervorgehoben?

- Sind Grafiken und Fotos an den richtigen Stellen eingefügt?

- Haben Sie Zitate als solche gekennzeichnet?

SEO.

- Haben Sie die entsprechenden Schlüsselwörter recherchiert?

- Berücksichtigen Sie auch verwandte Schlüsselbegriffe?

- Kommen die Keywords oft genug im Text vor (aber nicht zu oft)?

- Sind die Schlüsselwörter in Titel, Überschriften und Linknamen enthalten?

- Enthält die URL die wichtigsten Keywords?

- Haben Sie Schlüsselwörter in den ersten Absatz eingebaut?

- Sind Fotos, Grafiken, Videos suchmaschinenoptimiert?

Stil.

- Schreiben Sie locker, sympathisch und leicht verständlich?

- Haben Sie Fremdwörter durch den deutschen Ausdruck ersetzt?

- Haben Sie Bandwurmsätze in kurze Einheiten aufgeteilt?

- Schreiben Sie bildhaft und anschaulich?

- Schreiben Sie konkret, bringen Sie Zahlen und Vergleiche?

- Haben Sie Passiv- durch Aktivsätze ersetzt?

- Vermeiden Sie Wortwiederholungen?

- Haben Sie alle Rechtschreib- und Grammatikfehler ausgemerzt?

- Ist der Blogpost frei von Marketingfloskeln?

Links.

- Haben Sie sprechende Links verwendet?

- Haben Sie im Text auf Artikel aus dem Blogarchiv verlinkt (und vice versa)?

- Haben Sie auf Ihre (Recherche)Quellen verlinkt?

- Funktionieren die Links?

- Öffnet sich die verlinkte Seite in einem neuen Fenster?

Abschluss.

- Stellen Sie Tutorials etc. als PDF bereit?

- Laden Sie die Leser zum Kommentieren ein?

- Stellen Sie ihnen eine konkrete Frage?

- Fordern Sie sie auf, Ihren Newsletter, RSS-Feed etc. zu abonnieren?

- Verweisen Sie auf ähnliche/weiterführende Artikel aus dem Blogarchiv?

Sonstiges.

- Haben Sie den Post den entsprechenden Kategorien zugeordnet?

- Haben Sie passende Tags hinzugefügt?

Literatur

Aitchison, Steven: 100 Ways to Find Ideas for Your Blog Posts. Kindle Edition, 2011.

Platt, Sean: 100 Blog Post Ideas That Work (Never Get Writer's Block Again!). Kindle Edition, 2011.

Internetquellen:

blogsessive.com

camp.hubspot.com

clevermarketer.com

de.wikipedia.org

emoneymakingonline.com

internetexpressions.com.au

karrierebibel.de

remarkablogger.com

theadmaster.net

www.buildabetterblog.com

www.copyblogger.com

www.davidrisley.com

www.ihelpyoublog.com

www.mkakan.com

www.problogger.net

www.selbstaendig-im-netz.de

www.toprankblog.com

www.youngprepro.com

Die Autorin

Ich arbeite als freie Werbetexterin, Journalistin und Fachautorin in Innsbruck – schon seit mehr als zehn Jahren. Meine Kunden sind Unternehmen, Agenturen und Verlage in den unterschiedlichsten Größen und Branchen: vom Pharmakonzern bis zur Lustermanufaktur, vom Tourismusverband bis zum Baumeister. In A, D, CH und I.

Seit 2010 verfasse ich eBooks zu den Themen Werbetext, Marketing und Bloggen. Sie sind schlanke Ratgeber für viel beschäftigte Praktiker: kompakt, Zeit sparend, sofort umsetzbar.

Noch ein paar Fakten:

Jahrgang 1974; promovierte Betriebswirtin; Praxiserfahrung in Banken, Handel und Unternehmensberatung; Mitglied des Markenmanagement-Netzwerkes brandpi.

Mehr ...

... Text- und Marketingwissen gibt's in meinem Newsletter (abonnieren auf www.textshop.biz/cat/index/sCategory/1181)

... nützliche Tipps finden Sie auch in meinem TextShop: www.textshop.biz

Fragen?

Ich bin gerne für Sie da: office@textshop.biz